Синодальная церковно-певческая школа

Имени Митрополита Лавра

Конспект учебных материалов по

Клиросной Практике

Свято-Троицкий мужской монастырь

Джорданвилль, Нью-Йорк

Успенский женский монастырь (Ново-Дивеево)

Нанует, Нью-Йорк

2019–2023

Составитель: Протоиерей Андрей Папков

Редакторы: А. В. Шиповальников, В. В. Красовский, П. А. Фекула, И. А. дю Кенуа

Library of Congress Cataloging-in-Publication Data

Names: Papkov, Andrei. (author)
Title: Konspekt uchebnykh materialov po klirosnoi praktike | Papkov, Andrei
Description: Washington : Academica Press, 2023. | Includes references.
Identifiers: LCCN 2023912419 | ISBN 9781680536423 (hardcover) | 9781680536447 (e-book) | 9781680536430 (paperback)

Copyright 2023 Andrei Papkov

Contents

Предисловие xiii

ЧАСТЬ I:
ТЕОРЕТИЧЕСКАЯ 1

§ 1 Клиросная Библиотека - Богослужебные Книги 1
§ 2 Клиросная Библиотека - Нотные Сборники 6
§ 3 О чтении на клиросе 12
§ 4 Квадратная нотация 15
§ 5 О пении «на глас» 21
О различиях в мелодиях одного и того же гласа. 26
§ 6 «Дьячковская Гармонизация» 28
§ 7 О пении «читком» 32
§ 8 Выбор богослужебного репертуара 34
§ 9 К выбору репертуара: влияние музыки на человека 41
§ 10 О разнообразии в богослужении 43
§ 11 К Вопросу о Богослужебных Сокращениях 48
§ 12 Элемент времени в богослужении 55
§ 13 О взаимоотношениях регента с настоятелем 58

ЧАСТЬ II:
ПРАКТИЧЕСКАЯ 61

§ 14 Некоторые сведения о голосовом аппарате 61
§ 15 О разговорной и певчекой позиции голосового аппарата 63
§ 16 Тембр 64

§ 17 Несколько советов по работе на хоровых репетициях 65
§ 18 Записки опытного регента 69
§ 19 Трудности с любительским хором 71
§ 20 О «Безслухом» духовенстве. 73
§ 21 О колокольном звоне 74
§ 22 ЗАКЛЮЧЕНИЕ 74

Приложение 1:
The Bakhmetev Obikhod Title Page.. 77

Приложение 2:
Bakhmetev Obikhod sample page.. 79

Приложение 3:
Dogmatic Theotokia in the eight tones,
Znamenny chant (square notation)... 81

Приложение 4:
Шпаргалка 89

Приложение 5:
Спутникъ Псаломщика Подобны 91

Примечание 6:
Мелодии гласовd 99

Приложение 7:
Достóйно есть 135

Приложение 8:
Постановления о бесчинных воплех
И другие комментарии о пенииу 139

Приложение 9:
Vowel formation chart Схема образования гласных звуков........ 145

Приложение 10 147

Приложение 11:
Некоторые сайты с церковными нотами. 149

Приложение 12:
On bell ringing: Fr. Seraphim Slobodskoy and N. V. Matveev 151

Предисловие

Данный конспект составлен с целью помощи лицам, попавшим на церковный клирос в незнакомую обстановку, и поставленным перед задачей заниматься незнакомым им делом. Поскольку эти люди, в большинстве случаев добровольцы, приходят в храм из самых разных жизненных призваний и профессий, то и степень их подготовки и пригодности к пению и чтению в храме весьма различна. Их обобщает одно обстоятельство. Им всем нужна помощь в той или иной сфере клиросной работы. И предстоящая им работа чаще всего видится как темный дремучий лес. Им необходимы определенные ориентиры. Настоящий конспект является попыткой эти ориентиры им дать. Насколько удачной окажется эта попытка покажет будущее. Предлагая помещенный здесь материал, мы стремились затронуть те грани клиросной работы, с которыми им неизбежно придется столкнуться, в которых они никак не ориентируются, и с которыми они без помощи со стороны не смогут справиться, т. к. даже о существовании многих из этих граней они часто не подозревают. Составляя конспект, мы затронули те стороны клиросного дела, которые, по нашему убеждению, заслуживают внимания. Это убеждение основано на наших наблюдениях в течение полувекового опыта работы на клиросе. Конспект не претендует на всесторонность, т. к. церковно-певческое дело – дело живое, динамичное, не стоит на месте, и в любое время могут возникать неожиданные ситуации, не предусмотренные здесь, и требующие разрешения на местном уровне.

Конспект составлен на основании вопросов, которые задавались студентами на протяжении без малого тридцати лет, и нередко повторялись, поэтому можно предположить, что они возникнут и в будущем. Предусмотреть все новые вопросы, могущие возникнуть в дальнейшем, вне наших возможностей. Поэтому, очень просим благосклонного читателя помочь нам, и указать нам на замеченные недочеты буде таковые обнаружатся. Вполне допуская, и даже ожидая в дальнейшем, расширенные и исправленные варианты данного конспекта, мы будем благодарны за любую конструктивную критику и пожелания, направленные к его усовершенствованию, в котором он несомненно нуждается.

ЧАСТЬ I:

ТЕОРЕТИЧЕСКАЯ

§ 1
Клиросная Библиотека - Богослужебные Книги

Для плавного проведения богослужений, регенту-псаломщику необходимо иметь под рукой все нужные богослужебные книги, к которым относятся:

1. Часослов: содержит в себе все неизменяющиеся молитвословия суточного круга богослужений и, по определению приснопамятного архимандрита Сергия (Ромберга), является канвой, на которой располагается прекрасная вышивка остальных (изменяемых) богослужебных текстов. Существует ряд изданий Часослова, как отечественных, так и заграничных, как дореволюционных, так и более поздних, более или менее удачно составленных.

Наиболее удобным к употреблению и поэтому рекомендуемый нами - так называемый "Имковский" часослов, изданный в Париже после Второй Мировой войны.

Это издание имеет широкое распространение, ввиду удобства пользования им. По всей видимости (разнице в переплетах, качества бумаги) Парижские издатели делали повторные тиснения. Перепечатку этого Часослова предприняла и Богородице-Владимирская женская обитель в Калифорнии до своего уклонения в раскол.

В этом Часослове помещено последование Божественной Литургии, что в иных изданиях (даже дореволюционных) встречается редко. Тут же на ряду помещены будничные антифоны, "Благо есть исповедатися Господеви" и т. д., что дает возможность в будние дни совершать Литургию строго по уставу. Псалом 33-й помещен на ряду в своем месте. Кроме того, подборка тропарей и кондаков, собранных в конце книги, составлена так, что упрощает чтение часов и пение тропарей на литургии, и уменьшает надобность пользования другими книгами - Минеями, Триодями, Октоихом.

2. **Октоих**: двухтомный комплект, содержащий в себе седмичный круг богослужений восьми гласов. В первой части помещены службы 1–4 гласов, а во второй части 5–8 гласов.

В течение богослужебного года за будничными службами тексты Октоиха обычно сочетаются в установленном порядке с текстами из годичного круга богослужения, содержащегося в Минее.

3. **Минея**: двенадцати-томный комплект, соответствующий двенадцати месяцам года, в котором содержатся службы на каждый день года в честь святых угодников Божиих или тех или иных священных событий (годовой круг неподвижных богослужений).

4. **Триодь Постная**: содержит богослужебные тексты всех богослужений Великого Поста и подготовительных недель к нему. Первая служба Постной Триоди – вечерня в Неделю Мытаря и Фарисея, последняя служба – вечерня в Святую и Великую Субботу. В конце, после богослужебных последований, помещены:

а) Троичны и светильны восьми гласов,

б) Седальны Осмогласника,

в) Повесть о неседальном,

г) Марковы Главы (уставные указания).

5. **Триодь Цветная**: содержит богослужебные тексты Пасхального периода, начиная от Пасхальной утрени, (до крестного хода) с пения "Воскресение Твое Христе Спасе" и до окончания утрени в Неделю Всех Святых. В конце после богослужебных последований помещены:

а) Трипеснцы будних дней Пасхального периода

б) Марковы главы

Обе Триоди, как Постная, так и Цветная, представляют из себя передвижной цикл богослужений в зависимости от дня празднования Пасхи, и используются за богослужениями, сразу, одна за другой в течение четырех месяцев.

6. **Псалтирь**: Собрание псалмов Пророка и Царя Давида и иных, которые во многом легли в основу нашей православной гимнографии. 150 псалмов, помещенных в Псалтири, разделены на 20 кафизм для более удобного их богослужебного пользования.

Число псалмов не равно от кафизмы к кафизме. Например, 17-я кафизма содержит только один 118 псалом, 18-я 15 псалмов. Среднее число колеблется около 8–9 псалмов на одну кафизму. Длинна псалмов также не равная (напр. пс. 118–176 стихов, тогда как пс. 116 – всего 2 стиха). Помимо псалмов в Псалтири еще находятся ветхозаветные песни, стихи из которых поются на будничных службах Великого Поста.

7. **Апостол Богослужебный**: Апостол для чтения за Литургией. При служении на Литургии двух или более диаконов, старший диакон читает Святое Евангелие, а младший читает Апостол. Так как такое служение бывает сравнительно редко, особенно на буднях, то чаще всего апостольское чтение совершается псаломщиком, и поэтому книгу Апостол следует держать на клиросе. В алтаре обычно хранится второй богослужебный Апостол для чтения диаконом.

В книге помещены Деяния Апостолов и все их послания для богослужебного прочтения. Кроме того, что каждое послание делится на главы соответственно их делению в Библии, в книге Апостол эти же послания делятся на особые фрагменты, называемые зачалами для более удобного богослужебного употребления. Всего в книге Апостол 335 богослужебных зачал, и их нумерация с первого до последнего сквозная через всю книгу «Апостол», а не начинается с первого в каждом послании, по образцу Евангельских чтений. Кроме того, в конце книги помещены:

а) Сказание об антифонах и прокимнах - инструкция о прокимнах и чтениях в течение богослужебного года, начиная от праздника

Пасхи до Великой Субботы включительно. Тут же дается ряд важных богослужебных указаний о дневных апостольских чтениях всего года.

б) Месяцеслов 12-и месяцев, с указаниями апостольских чтений и их прокимнов и аллилуариев применительно к годовому праздничному кругу.

в) Прокимны и Аллилуарии:

1. Воскресные,

2. Дневные,

3. Общие Святым,

4. На разные потребы.

Нижеследующее издание относится только к богослужениям на церковно-славянском языке, т.к. на английском его не существует. История его возникновения не совсем обычна.

8. **Великий Сборник**: совершенно уникальное издание, о котором следует упомянуть особо. Ввиду военных и политических потрясений XX века, в храмах Русского Церковного рассеяния оказался острый недохват богослужебных книг. До середины века еще возможно было выписывать такие книги из Русских обителей Святой Афонской горы, но со временем и этот источник (впрочем, никогда не бывший обильным) по разным причинам иссяк. Острая нужда в богослужебных книгах ощущалась еще в годы до Второй Мировой войны.

Типографское братство Преподобного Иова Почаевского в Ладомирово на Карпатах по благословению архиепископа Виталия (Максименко) приступило к изданию Великого Сборника - богослужебной антологии для восполнения этого пробела, и за несколько лет до войны напечатало первое издание этого сборника. Так как книги не успели широко разойтись по зарубежью из-за военных действий в Европе, братство, переместившееся после войны в Свято-Троицкий монастырь в Джорданвилле в США, приступило ко второму тиснению. Уже в 1951 году появилась часть 1-я, а к 1956 году все 5 томов сборника были доступны Русским Православным приходам. Богослужебный материал в Сборниках распределен следующим образом:

Том Первый (по нумерации издания - Часть I-я):

а) Часослов, включая воскресные апостольские чтения от Недели Всех Святых до Недели Мытаря и Фарисея, и прокимны и Аллилуарии Воскресные и дневные.

б) Воскресный Октоих,

в) Эксапостиларии Воскресны и Евангельские стихиры

г) Общая Минея.

Том Второй (по нумерации издания - Часть II-я Книга I-я): Минея праздничная - Великие Господские и Богородичные праздники и великих святых (сентябрь-февраль).

Том Третий (по нумерации издания - Часть II-я Книга II-я): Минея праздничная, в которой Великие Господские и Богородичные праздники, и великих святых (март-август).

Том Четвертый (по нумерации издания - Часть III): Триодь Постная.

Том Пятый (по нумерации издания Часть III): Триодь Цветная.

Таким образом, имея эти пять книг на клиросе, стало возможным проводить уставные богослужения во все Воскресные и праздничные дни года. Это великая заслуга наших Свято-Троицких монахов-подвижников. Вечная им память!

Не удивительно, что первая часть этого сборника, чаще всего употребляемая на клиросе, быстрее других приходит в ветхость и требует ремонта или замены. В результате эта часть сборника одно время стала библиографической редкостью. В последние годы появились новые ее тиснения, напечатанные в Европе по соглашению со Свято-Троицким монастырем.

9. **Требник**: еще одна книга, необходимая для любого клироса. Помимо общественных богослужений - Литургий и всенощных, существуют еще и частные богослужения, заказываемые верующими для частных нужд. Сюда относятся крещения, венчания, отпевания, панихиды и молебны на различные нужды. Псаломщикам нередко приходится их проводить и поэтому они

должны быть достаточно знакомыми с этой книгой, как, впрочем, и со всеми остальными, здесь перечисленными.

Для служб на английском языке мы можем рекомендовать:

Часослов – Horologion: St.Tikhon's Seminary Press.

Unabbreviated Horologion or Book of Hours by Fr. Laurence Campbell, Jordanville.

Минея – Menaion: The St. John of Kronstadt Press.

Псалтирь – Psalter: Holy Transfiguration Monastery Press.

Октоих – Ochtoechos: The St. John of Kronstadt Press.

Апостол – Apostol: St. Tikhon's Seminary Press.

Требник – The Book of Needs: 4 vol. set St.Tikhon's Seminary Press.

Триодь Постная – Lenten Triodion: 2002, St. Tikhon's Seminary Press.

Lenten Triodion Supplementary Texts: 2007, St. Tikhon's Seminary Press.

Триодь Цветная – Pentecostarion: The St. John of Kronstadt Press.

Указанные книги содержат исключительно тексты богослужений и не включают нотный материал.

§ 2
Клиросная Библиотека - Нотные Сборники

Нотные сборники в церковной практике именуются Обиходами. Нотные обиходы в основном разделяются на две категории:

1. Одноголосные и
2. Многоголосные.

Среди одноголосных обиходов следует прежде всего отметить:

1. **Синодальный Нотный Обиход** в пяти частях, напечатанный квадратной нотой. Многократно издавался Синодальными типографиями Москвы и Петербурга между 1772 и 1913 годами.

а) Часть 1. Всенощная и литургия.

б) Часть 2. Октоих.

в) Часть 3. Праздники.

г) Часть 4. Ирмологий.

д) Часть 5. Триодь.

За границей, в униатском монастыре в Бельгии были переизданы две части: Всенощная и Литургия, и Триодь. В России в 2002 году переизданы Праздники. Таким образом Октоих и Ирмологий из этой серии еще ожидают своих издателей.

2. **Спутник Псаломщика**, созданный в начале XX века как плод трудов псаломщицких съездов, созванных в Новгороде по благословению архиепископа Арсения (Стадницкого). Сборник напечатан квадратной нотой. Материал расположен весьма удобно для пользования, что особенно заметно в период Великого Поста при проведении будничных богослужений.

Первые два издания появились еще до революции, а затем были перепечатаны типографией Свято-Троицкого монастыря в Джорданвилле. Они и сейчас (2019) доступны в продаже. Материал Спутника Псаломщика можно назвать своего рода выжимкой из пятитомного Синодального обихода, т. к. в одной книге заключаются песнопения из всех пяти книг, (несколько сокращенно) необходимые на клиросе в течение богослужебного года.

3. **Обиход Церковно-Богослужебного пения Валаамского Монастыря**, изданный этой обителью в 1909 году. Одноголосные мелодии написаны в альтовом ключе, как наиболее близком к квадратной нотации. До последнего времени репринтное издание этого обихода можно было приобрести из монастыря «Новый Валаам» в Финляндии.

4. **Обиход нотного пения Соловецкого Монастыря**, изданный этим монастырем в 1912 году и переизданный в Москве издательством «Живоносный Источник» в 2004 году.

5. **Одноголосный Обиход Большого Успенского Собора Московского Кремля.** Переиздан в Москве издательством «Живоносный Источник» в 2005 году.

Названные 5 одноголосных Обиходов несомненно являются ценнейшей принадлежностью любого клироса, особенно такого, на котором певцы привычны к т. н. "дьячковской гармонизации" (по выражению Гарднера) и способны петь на 3 или 4 голоса пользуясь одноголосным обиходом.

Особый интерес они должны представлять и для церковных композиторов и аранжировщиков. т. к. мелодическое богатство, содержащееся в этих изданиях, невозможно переоценить. Особое внимание в этом отношении обращает на себя Соловецкий обиход, никогда не подвергавшийся разрушительным действиям удельных междоусобиц и татарского ига и поэтому во многом сохранивший особенности и дух веков прошедших.

Многоголосные обиходы чаще всего написаны для четырех голосов как для смешанных, так и для однородных хоров. Из наиболее доступных нам назовем несколько.

1. **Церковно-Певческий Сборник**, издание Училищного Совета при Святейшем Синоде в Санкт-Петербурге в восьми книгах (1902–1908). Репринтное издание Свято-Троицкого Монастыря в Джорданвилле (1970–1977), (вечная память печатнику архимандриту Антонию (Ямщикову). Репринт не включает последнюю часть старого издания: Ирмологий.

Издание содержит много полезного материала, но ввиду своей громоздкости не имеет широкого распространения на зарубежных клиросах. Имеется в книготорговле Свято-Троицкого монастыря.

2. **Придворный Обиход** Львова/Бахметева. Издание придворной певческой Капеллы. Употреблялся до революции в храмах Придворного Ведомства. Вызывал много отрицательной критики у ревнителей чистоты исконного Русского церковного пения, но до революции был повсеместно распространен. После революции был переиздан в Польше. Отдельные партии были переизданы отделом Восточного Обряда при Фордамском Университете, и на наших клиросах были известны под неформальным названием «польские книжечки». Конечно, не лучший вариант, но приходилось пользоваться тем, что было под рукой. Кое-где, эти книжечки еще в употреблении у нас на клиросах и по сей день.

3. **Обиход Ледковского**. Издан Свято-Троицким монастырем в 1958 году. Всенощное бдение, а также ирмосы воскресного Октоиха. Включает и некоторые свободные композиции Б.М. Ледковского, напр. «Хвалите Имя Господне».

Обиход написан в отличие от придворного в более строгой церковной манере, употребляя церковный русский лад или звукоряд. Этому Обиходу чуждо несколько слащавое западное звучание, присущее Придворному Обиходу. Обиход обозначен как «часть первая». Второй части не суждено было появиться на свет благодаря каким-то неясным обстоятельствам, но зато свободные композиции Б.М. Ледковского в последующие годы были изданы Свято-Троицким монастырем в виде трех отдельных сборников в 1959, 1972 и 1985 годах общим числом 85 произведений.

4. Особое внимание читателя обращаем на нотные сборники, изданные Троице-Сергиевой Лаврой под общей редакцией приснопамятного архимандрита Матфея (Мормыля). Имеются: **Всенощное Бдение** (2000), **Божественная Литургия** (2009), **Песнопения Страстной Седмицы** (2000), **Песнопения Постной Триоди** (2000), **Последование Страстей Христовых** (1997), **Подобны Старинных Монастырских Напевов** (1999), **Акафистное Пение Иисусу Сладчайшему** (1999).

5. **Нотный сборник православного русского церковного пения** (1962), 2 тома, так называемые Лондонские сборники. Называются они так потому, что были изданы на субсидии инославного Лондонского Колледжа Веры и напечатаны в Англии. Редакционная коллегия, составившая эти сборники, в основном находится в Париже, и основное ее ядро базируется на Сергиевском Подворье и богословском институте при нем.

Сборники содержат ценный нотный материал в двух томах: Том I: Песнопения Божественной Литургии (1962), и Том II: Неизменяемые песнопения Всенощного Бдения (1975). К сожалению, несмотря на высокое типографское качество издания, к сожалению, в нем вкралось немало музыкальных погрешностей, на что нам неоднократно жаловались опытные регенты.

Что касается нотных изданий для церковно-славянских богослужений, то в настоящее время уже не ощущается той острой нужды, которая всем нам памятна еще лет 20–25 тому назад. С перестроечными переменами в России связано возникновение многих церковных издательств, которые не обошли вниманием и церковно-певческие нужды.

Издаются сборники самого разного содержания. Если раньше нам было привычно видеть сборники, озаглавленные, к примеру, "Всенощное Бдение", "Божественная Литургия", "Панихида" и т. д., то теперь можно увидеть сборники более узкого содержания с названиями: "Подобны", "Прокимны", "Ектеньи", "Херувимские Песни", "Степенные Антифоны Восьми Гласов" и еще многое в таком роде. Это приходится только приветствовать.

Кроме изданий в главных центрах России, существуют и провинциальные, главным образом епархиальные, нотные издания, которые также представляют для нас интерес. Однако следует внимательно отбирать материал для употребления в храмах, так как наряду с ценными произведениями иной раз встречаются и посредственные вещицы.

Помимо типографских изданий церковных песнопений как в России, так и за ее пределами, со сравнительно недавнего времени существует отдельный пласт подобного издательства в электронном пространстве, который также не следует игнорировать (см. Приложение 11). Много потрудился в этой области приснопамятный Александр Борисович Ледковский (†2004). На протяжении пяти лет, с 1999 до конца 2004 года, он поместил большое количество изменяемых (главным образом) песнопений на интернете, каждый раз готовя нотное изложение тропарей и кондаков для наступающего воскресного дня или праздника. Этот сайт открыт и сейчас и материал доступен тем, кому он нужен. Адрес сайта www.rocm.org.

Следует упомянуть и еще об одном заграничном издании, т. н. Musica Russica. Началось оно с замысла издания антологии русских церковно-музыкальных памятников в связи с празднованием Тысячелетия Крещения Руси в 1988 году. Предполагаемый проект воплотился в весьма обширный увесистый фолиант, содержащий в себе произведения разных эпох и стилей, звучавших в Русской Церкви на протяжении первого тысячелетия ее бытия. Инициатором и финансовым спонсором этого замысла была русская патриотическая молодежная организация Национальная

Организация Русских Разведчиков (НОРР), пожелавшая сделать достойный вклад в общее дело русской Эмиграции – празднование тысячелетия крещения Руси.

После данного празднования дело перенял Владимир Петрович Морозан, который не без успеха выпускал последующие тома образовавшейся таким образом серии, по принципу по тому на композитора. Таким образом появились тома содержащие полные собрания духовных произведений Титова, Рахманинова, Чайковского, Римского-Корсакова. Эти издания могут иметь ценность для англоязычных певцов на славяноязычных клиросах ввиду то, что славянский текст дан в фонетической транслитерации латинскими буквами.

За последние десятилетия наша церковная обстановка значительно изменилась в демографическом плане. Это не могло не отразиться и на нашей работе на церковных клиросах. Основной вопрос, возникший на этой почве, это вопрос богослужебного языка. Зарубежная Церковь несёт своё служение не только в англоязычных странах. Многие страны нашего рассеяния служат на ряде других языков, поэтому нет единообразия. Проблема ассимиляции в той или иной степени стоит перед всеми и не все её одинаково решают.

Еще до революции 1917 года, в Германии по инициативе берлинского протоиерея А. П. Мальцева (1856–1915), уже существовали богослужебные переводы на немецкий язык. В Америке, по благословению архиепископа Тихона (будущего патриарха) был сделан богослужебный перевод на английский язык г-жой Изабеллой Хапгуд (1851–1928) англиканкой, так никогда и не принявшей православия. Первое издание под названием **Service Book of the Holy Orthodox-Catholic (Greco-Russian) Church** вышло в 1906 году, а второе в 1922. После этого книга переиздавалась неоднократно североамериканской архиепископией Антиохийского Патриархата.

Своеобразно решается вопрос на Дальнем Востоке. В Японии на японском языке очень исправно исполняется придворный обиход, и, в основном, произведения Бортнянского. Это не удивительно, если учитывать, что апостол Японии Св. Николай, по своей богослужебной культуре был петербуржцем. В Китае, в наше время, православная китаянка-композитор пишет богослужебную музыку, сохраняющую при этом самобытный народный характер китайской музыки, основанной на пентатонике и не утрачивающую при этом молитвенности, в чем мы могли убедиться, присутствуя на богослужениях в Гонг Конге.

Пребывая в США, мы коснемся только местной обстановки. Существуют богослужебные книги в английском переводе. При архиерейском Синоде в Нью-Йорке долгие годы трудился синодальный переводчик брат Исаак Ламбертсен, перед кончиной († 2017) принявший монашеский постриг с именем Иосифа. Из его многих трудов особого внимания заслуживает Минея (12 томов) и ряд других ценных переводов. Свято Владимирская Семинария (Православная Церковь в Америке) также издала ряд ценных богослужебных книг на английском языке. Они же издали ряд нотных сборников духовных произведений на английском языке, среди которых есть немало переложений Б.М. Ледковского, в свое время много потрудившегося в названной семинарии на хоровом поприще.

§ 3
О чтении на клиросе

Чтение богослужебных текстов на клиросе является одним из важнейших элементов православного богослужения, не менее важным чем само пение, что видно из того, что первым чином церковной иерархии является «сте́пень чтеца и певца». Выделение этих лиц из общего числа молящихся подчеркивает важность порученного им дела. При этом они посвящаются в стихарь, как отличительную богослужебную одежду их звания. Поэтому, в прежние времена эту должность исполняли только мужчины, т. н. дьячки. Исключением были женские монастыри, где все клиросные обязанности исполняли монахини. В наше время, на практике, чтение на клиросе благословляется и женщинам, без посвящения их в стихарь, разумеется. Что касается пения за богослужением, участие женщин в хоровом церковном пении появилось у нас в России в конце 19-го века.

Как и в пении, основной задачей церковных чтецов является донесение богослужебного текста до сознания и сердца молящихся. Поэтому, их чтение должно соответствовать следующим требованиям:

1. Звучание должно быть достаточно громким, но не крикливым, чтобы быть услышанным во всем храме.

2. Чтение должно быть внятным и не торопливым с хорошей дикцией, чтобы чтец не «проглатывал» отдельные слоги, а иногда и целые слова текста. К сожалению, и в этой грани богослужебной практики наблюдаются некоторые злоупотребления. Наиболее явное, эта та торопливость при чтении, в которой даже усматривается некий особый шик. Нам приходилось наблюдать как в одном духовном учебном заведении воспитанники при чтении общих утренних и вечерних молитв пользовались спортивным хронометром чтобы засечь время чтения, и таким образом состязались кто поставит рекорд быстроты чтения. Подобное безобразие, правда, без хронометра, иногда наблюдается и в наших храмах. Особенно это ощущается во время чтения шестопсалмия, когда читающий выпаливает текст псалмов с пулеметной скоростью, ничуть не вникая в смысл читаемого. А чего только сто́ит привычная «мантра»: «пимхос, пимхос, пимхос, пимхос», и т. д. (расшифровывается как «Господи помилуй» 40 раз). Однако, не следует впадать и в противоположную крайность, нарочито растягивая слова и искусственно замедляя чтение.

3. Бесстрастным. При чтении следует держаться эмоционально нейт-ральной (бесстрастной), но не механической манеры чтения. Ровность в чтении способствует молящимся воспринимать текст соответственно своему индивидуальному душевному состоянию и извлекать из него то, что ему духовно близко и полезно в тот момент. Эмоционально читающий производит впечатление духовной прелести к недоумению внимающих. Читающий, не должен навязывать своих эмоций

слушателям, которые могут быть чуждыми внутреннему настрою молящихся. При эмоциональном чтении за богослужением нередко присутствует опасность для чтеца впасть в «театральность», которая в общем контексте богослужения звучит неуместно и пошло.

4. Осмысленным. Читающий должен понимать содержание текста, который он произносит, тогда слушатели легче поймут смысл читаемого. Поэтому, перед большими праздничными службами всегда полезно предварительно ознакомиться с их текстами, особенно если у читающего нет большого опыта в этом деле. Следует обратить при этом особое внимание на синтаксис, дабы фразировка при чтении не противоречила смыслу читаемого.

5. Грамотным. В современных (XXI в.) условиях, когда во многих храмах зарубежья богослужение идет на языке страны проживания все вышеприведенные пункты также применимы. От настоятеля зависит привлечь к богослужению лиц достаточно грамотных на местном языке для проведения богослужений. Однако, есть немало храмов зарубежья, где еще достаточно стабильно держится богослужебный церковно-славянский язык, который является как бы общим связующим фактором богослужебной жизни Зарубежья, подобно тому, как еще не так давно латинский язык бывший обязательным в Римо-католической Церкви был крепким связующим началом для мирового Католицизма. Не везде в Зарубежье читают по церковно-славянски. Однако, там, где это практикуется следует обратить внимание на фонетические особенности этого языка, столь похожего во многом на русский. И русское произношение славянских слов является самой распространенной грубейшей ошибкой. Приведем лишь несколько самых основных различий:

а) в церковно-славянском языке отсутствует «московское акание». Все звуки «о» произносятся как «о», безотносительно к тому, находятся ли они под ударением или нет. Поэтому весьма режет церковное ухо, к примеру такое начало 50-го псалма: «П_а_милуй мя Боже п_а_ велицей мил_а_сти Тв_ае_й», и т.д.

б) Также отсутствует звук «ё». Поэтому букву «е» нужно всегда произносить как «е» а не «ё». Например, твоѐ, а не твоё, моѐ, а не моё, твѐрдый, а не твёрдый.

в) Твердый русский звук «г» по церковно-славянски произносится смягченно, но избегая типично малороссийского утрирования, переходящего в звук «х», (напр. Хосподи, Бохородице и т.д.).

Кроме того, существуют надстрочные знаки главным образом ударения, (которые иной раз очень облегчают чтение), и всевозможные титла, обозначающие пропущенные буквы. Существует и ряд букв, не совпадающих с современным русским алфавитом, либо греческого происхождения, либо архаические славянские. Все это и много другого, встречается в наших богослужебных книгах, и поэтому чтецы в храмах Русской Православной Церкви где служба идет на церковно-славянском языке имеют долг с ним ознакомиться в той мере, которая им необходима для успешной клиросной работы на достойном уровне.

§ 4
Квадратная нотация

Знаки квадратной нотации

✧	Целая (длинная)	Высота звука указана на соединении двух ромбов.
⌐	Половина (средняя)	
⌐	Четверть (быстрая)	
⌐	Восьмая (очень быстрая)	Используется от средней линии и выше. Высота звука указана верхним ромбом.
⌐	Восьмая (очень быстрая)	Используется ниже средней линии.

⌐	**Цефаутный ключ**	Ключ «до» в квадратной нотации. Квадратик всегда на средней линии.
⊨	**Заключительная нота**	Высота звука указана между двумя прямоугольниками. Приравнивается к фермате (замедляется). Обычно в конце песнопения.
♭	**Бемоль**	Знак понижения на пол тона. Используется только на седьмой восходящей степени звукоряда.
∫	**Знак окончания**	Используется в конце песнопения.
=	**Знак продолжения**	Указывает речитатив на одной ноте без перемены высоты ноты.
•	**Точка**	Удлиняет звучание ноты в полтора раза, как и в круглой нотации.

Умение петь по квадратным нотам безусловно необходимо для церковного певца, а тем более для регента. А между тем это далеко не всегда бывает. Даже многие музыкально грамотные клиросные певцы чувствуют себя неуверенно, когда видят перед собой обиход с квадратными нотами. Перед нами стоит задача искоренить широко распространённую фобию перед лицом квадратной нотации, т. к. бояться по сути нечего. Тут уместно вспомнить Псалмопевца Давида, который некогда определил ситуацию словами: «тамо устрашишася страха, идеже не бе страх» (Пс.52:6), т. е. бояться нечего.

Иногда раздаются голоса тех, кто утверждает, что квадратная нотация уже отжила свой век, и что пора повсеместно переходить на круглую, чтобы всем было комфортно. От себя (А.П.) замечу, что, когда всем комфортно, неинтересно. Это, во-первых. Во-вторых, никто не станет спорить с тем, что квадратная нотация способствует большей выразительности в силу ее эластичности т.е. отсутствия «метрономичности», и, следовательно зажатости свойственной круглой нотации, где две четверти должны точно равняться одной половине и т.д. Это дает возможность слову доминировать над нотой, и ярче передавать смысл текста. И, в-третьих, что немаловажно, это устранит возможность того, что грамотный музыкант (по круглой ноте) почувствует себя круглым невеждой, когда перед ним на клиросе откроют Спутник Псаломщика, и он начнет издавать приблизительные и не совсем членораздельные звуки. Это весьма некомфортно. Поверьте. (Опыт). В-четвертых, круглая нотация неудобна еще тем, что при пении по ней наличествует ощущение, что ноты должны соответствовать указанной высоте. Это особенно усложняет жизнь «певцам-абсолютникам», которые слышат ноты как видят, видят фа диез и чувствуют, что иначе быть не может.

При этом, следует знать, что квадратная нотация имеет много общего с круглой, привычной для многих и даже более проста в сравнении с ней. Происхождения она западноевропейского, и пришла на Русь в конце XVII века, принесенная вместе с Киевским распевом из юго-западного края.

Обиходы, написанные этой нотацией, содержат в себе богатейший, почти неисчерпаемый мелодический материал, весьма полезный церковным композиторам и аранжировщикам. К этому источнику обращались такие музыканты как Рахманинов, Чайковский, а также Чесноков, Кастальский и иные церковные композиторы, не желавшие писать церковную музыку в западной манере, а наоборот, высоко ценившие свое национальное музыкальное наследие и находившие в нем свое творческое вдохновение.

Общие черты круглой и квадратной нотаций:

1. И та и другая написаны на пяти-линейном нотном стане.

2. Высота звука обозначается нотами, имеющими головку и "стебель" (*head and stem*) соответственно расположенными на нотном стане.

3. В обеих нотациях ноты имеют различную долготу звучания.

4. В обеих нотациях звучание ноты удлиняется в полтора раза посредством точки, которая следует за ней.

5. В обеих нотациях в начале стана ставится ключ.

Следует помнить, что квадратная нотация значительно проще для употребления, чем круглая, что выражается в следующих отличительных ее чертах:

Отличительные черты квадратной нотации от круглой:

1. В отличие от круглой нотации, в которой каждый стан начинается либо скрипичным, либо басовым ключом (реже- альтовым или теноровым), в квадратной нотации всего один ключ: ꝗ, т. н. цефаутный, который определяет тонику на средней линейке стана. Таким образом цефаутный ключ чаще всего сравнивают с альтовым.

2. В квадратной нотации отсутствуют знаки альтерации – диезы, бемоли и бекары, и соответственно отсутствует обозначение тональности сразу после ключа, как это бытует в круглой нотации. Единственным исключением из этого является бемоль, ♭, который пишется на седьмой ступени восходящего церковного звукоряда, для сохранения его ладового характера.

3. Квадратная нотация не указывает тональность произведения, напр. ре минор, фа мажор, и т. д. Таким образом не указывается высота звука, с которого следует начинать пение. Певец просто подбирает высоту ноты удобную для своего голоса. В том же плане, при многоголосном, т.е. хоровом исполнении, регент выбирает тональность наиболее удобную по отношению к составу голосов в данном хоровом ансамбле.

4. В квадратной нотации также отсутствует размер, определяющий ритмическую структуру произведения. Соответственно отсутствуют тактовые черточки. Черточки, которые встречаются в квадратной нотации, разделяют не такты, а фразы текста, и зависят не от ритма, а от текста исполняемой фразы.

5. В квадратной нотации отсутствуют динамические и темповые указания, напр. тихо, громко, медленно, быстро *(piano, forte, largo, allegro)*.

Ввиду того, что квадратная нотация в Русской Церкви заменила собой бывшую до нее Знаменную (крюковую) безлинейную нотацию, при исполнении ее следует помнить о следующем:

1. Знаменная без-линейная нотация, будучи строго вокальной нотацией содержит в себе много нюансов и исполнительских особенностей, которые в полной мере не передаются квадратными нотами. Это относится как к области интонации, так и ритмических акцентов.

2. Виду того, что в Православном богослужении на первом месте стоит слово и его смысл, это слово определяет те или иные особенности нюансов в пении.

3. Поэтому проф. И.А. Гарднер указывает на то, что при исполнении церковных песнопений не уместна та метрономичность и ритмическая зажатость, которая присуща западноевропейской музыке вообще, как ограничивающая выразительность исполнения. Тут исключением является григорианский распев (который, между прочим, является православным, до-раскольным распевом). И тот же Гарднер называет его двоюродным братом знаменному.

4. Длительность нот круглой нотации имеет строгое соотношение 2:1, т. е., две половины в одной целой ноте; две четверти в одной половине; две восьмушки в одной четверти и т. д. В квадратной нотации эти соотношения более эластичны. Хотя мы условно называем квадратные длительности их круглыми параллелями, т. е., а) ✣ целой, б) ◖ половиной, в) ◗ четвертью, г) ◗ восьмой, (меньших длительностей в квадратной нотации не существует), их более уместно воспринимать как долгую, среднюю, быструю, очень быструю.

5. Тот же И.А. Гарднер, ссылаясь на авторитет распевщиков XVII века, советует при транскрипции нот с квадратной системы на круглую, долгую ноту изображать не целой, а половинной нотой;

среднюю не половинной, а четвертью; быструю не четвертью, а восьмой. При таком раскладе «все мелодии, записанные квадратными нотами, получают подвижность, и тягучесть их пропадает. Чисто психологический факт: написанное итальянской половинной нотой исполняют невольно медленнее, нежели написанное четвертями!»[1]

Здесь уместно упомянуть еще об одной архаической грани нашего клиросного быта, которая иногда встречается и поныне. Речь здесь не о квадратной нотации, а о круглых нотах, изданных в XIX веке, например обиход Бахметева, напечатанный в 1869 году в Санкт-Петербурге (Приложение 1). Он напечатан не в обычном для нас скрипичном ключе, а в ключе «до» - . Басовый ключ в данном случае остается в своем обычном виде.

Ключ этот отличается тем, что, имея одинаковую форму с альтовым ключом и состоящий из двух полукругов, перемещается вверх или вниз по нотному стану в зависимости от того, который голос (САТ) будет петь по этому стану. Назначение этого ключа состоит в том, чтобы показать относительную высоту нот на стане, и в первую очередь положение ноты «до», и упразднить необходимость бесконечных добавочных линий.

Положение этой ноты определяется на линии, находящейся между двумя полукругами. Таким образом в партии дисканта (сопрано) полукруги охватывают первую (нижнюю) линейку, в альтовой партии третью (среднюю) линейку, а в теноровой партии четвертую (вторую сверху) линейку (Приложение 2).

Цель такой перестановки состоит в том, чтобы основная тесситура каждого голоса по возможности умещалась бы в границах стана, и не было бы нужды пользования добавочными линиями (*ledger lines*). В настоящее время такая практика видится устарелой, и фактически вышла из употребления, тем более что проигрывание хоровых партитур, написанных в этих ключах, представляется чересчур сложным. (Кроме партитур также издавались и книги,

---

[1] И.А. Гарднер: О Синодальных богослужебных певческих книгах и о пении по ним. "Православный Путь" Джорданвилль Н.И. США 1971

напечатанные для отдельных партий в этих ключах, которые также изредка встречаются на наших клиросах). Петь по этим нотам не сложно; главное здесь – чтобы регент умел по этим нотам задать правильный тон. Это своеобразные клиросные «ископаемые», которые порой скрываются в наших нотных шкафах, и порой обнаруживаются.

§ 5
О пении «на глас»

Наше богослужебное пение основано на системе так называемого осмогласия. Оно является фундаментом всей Христианской певческой традиции, как восточной, так и западной. Эта традиция возникла во глубине веков.

Её начало относят к VII веку, и появилось она в византийской империи и распространилась в Грузии, Армении, Сирии, Египте, Румынии и Славянских странах. На западе она появилось в виде Григорианского распева в Римо-католической Церкви и Англиканской традиции. Не ограничиваясь рамками нашего привычного мажорно-минорного звучания, оно носило ладовой характер и каждый глас представлял свой особый звукоряд. Тесную связь с Византийской традицией находят и в древней Руси, и, по-видимому, там тоже было так. Однако, в русском случае, под влиянием западноевропейской светской музыки, со временем ладовое осмогласие уступило место набору мажорно-минорных мелодий, который, воплотился в пресловутый Обиход Львова, протежируемый самим императором Николаем I, (ни больше ни меньше), но забракованный и запрещенный митрополитом Филаретом (Дроздовым †1867) в пределах его Московской епархии. Обиход Бахметева качественно мало чем отличается. До недавнего времени ими повсеместно пользовались в наших храмах. Некоторое противоядие этому безобразию дал покойный Б.М. Ледковский своим обиходом, в котором в гармонизациях придерживался русского ладового звукоряда. Этот обиход несмотря на давность издания (1958) и ограниченный тираж, все же имеет некоторое хождение, как в России, так и за рубежом. Это приходится только приветствовать. Здесь стоит отметить положительное влияние заграничных церковных очагов, таких как Свято-Троицкий монастырь в Северной Америке и Парижское Свято-Сергиевское подворье в Европе в деле истребления, вернее замены «польских книжечек» (хотя, и они в свое время, когда ничего другого не было, принесли известную пользу). Столько народа посещает эти центры, слышат уставное обиходное пение и нередко даже поют в монастырском хоре. Они привозят эту традицию в свои храмы, значительно улучшая обиходное пение у себя в приходе.

Вообще же следует сказать, что в деле церковного пения, как западного, так и восточного, своеобразно уживаются два положения. С одной стороны – канонические запреты на авторские произведения, с предписаниями держаться монашеских распевов. (Этими вопросами занимались 7-й Вселенский и Трулльский соборы.) А с другой стороны – житейская практика, которая эти запреты вплотную «не замечает», вернее, не обращает на них ни малейшего внимания. Следует отметить, что духовные власти смотрят на это «сквозь пальцы». И с авторскими произведениями мы видим одно из двух: либо, композиция не соответствует содержанию текста и духу православного богослужения, либо, автору удалось найти нужный богослужебный характер, и тогда высшая похвала для автора это, когда его творчество принимает некоторую анонимность и его имя заменятся прилагательным «Обиходного». Самый яркий пример тому «Феофановское» Милость Мира, а также Славословие, которые универсально принято считать обиходными, тогда как Феофан был архимандритом, и настоятелем Донского монастыря в Москве, с очень необычной судьбой. Такое же можно сказать и о некоторых произведениях Бортнянского, которые настолько вошли в плоть и кровь нашего пения, что они воспринимаются как обиходные. К таковым принадлежит наше простейшее «Многолетие», «Под Твою милость», Ирмосы Великого Канона, «Приидите Ублажим» и ряд других. Есть и другие композиторы, сподобившиеся подобной чести.

Руководителю клироса необходимо в совершенстве владеть гласами, выражаясь, по-современному, так, чтобы они у него, «от зубов отскакивали». Что же это значит, практически? Гласов у нас восемь, богослужебных типов песнопений у нас пять: тропари, стихиры, запевы к стихирам, ирмосы, прокимны. Следовательно, т.к. любое из них может подвернуться по ходу службы в любой момент, как минимум, надо зазубрить (как таблицу умножения) 40 мелодий, дабы достойно провести любую рядовую службу. К этому рекомендуется ознакомиться с особой категорией песнопений именуемых «подобны». Это разновидности мелодий «внутри» данного гласа, и исполнять их не обязательно, а можно петь просто по указанному гласу. Однако компетентное исполнение их, качественно поднимет уровень вашей службы на несколько порядков. Всех «подобнов» изучать нет смысла, т.к. их очень много (Я как-то насчитал их около 30, а дальше мне надоело считать.), тем более что некоторые из них попадаются весьма редко. Достаточно выучить с полдюжины наиболее часто встречающихся, и ваша служба буквально «оживет». Отдельной брошюрой они напечатаны в изложении архимандрита Матфея Троице-Сергиевой Лаврой.

Итак, перед регентом-псаломщиком немалый, но благодатный труд. Бояться его не надо по следующим причинам:

1. Вспомним народную поговорку «у страха глаза велики», и вышеприведенное наблюдение Царя Давида «тамо устрашишася страха, идеже не бе страх» (Пс. 52:6).

2. Если Вы регулярно посещаете храм (особенно всенощные), то многие из этих мелодий у Вас уже на слуху. Вам просто необходимо разобраться в том, что Вы уже знаете, а что еще не знаете, и в сознании разложить «по нужным полочкам».

3. Сверьтесь с предложенной схемой – шпаргалкой, либо составьте по этой схеме собственную (Приложение 4), и идите от знакомого Вам материала к незнакомому.

Некоторые категории песнопений повторяются (напр. в 5-м гласе тропари, стихиры и ирмосы можно петь на ту же мелодию. В 3-м гласе стихиры и ирмосы также совпадают.

Примечание о «подобнах»

«Подобны» бывают всех гласов, и различаются по начальным словам «самоподобна». Мы перечислим наиболее часто встречающиеся, так сказать «наиболее популярные»:

1. Гл.1, «Небесных чинов», «О дивное чудо»

2. Гл.2 «Егда от древа», «Доме Евфрафов»

3. Гл.4 «Яко добля», «Званный свыше», «Дал еси знамение»

4. Гл.5 «Радуйся живоносный кресте»

5. Гл.6 «Тридневен», «Всю отложивше»

6. Гл.8 «О преславнаго чудесе»

Усвойте хотя бы эти (см. Приложение 5), и Вы почувствуете «новую жизнь» в Ваших храмах.

Образцы мелодий для пения на глас данные в нотном приложении (Приложение 6) подобраны согласно практике Свято-Троицкого Монастыря и семинарии при нем, т.к. он является рассадником настоятелей наших приходов и эти напевы, за редким исключением, употребляются в нашей Церкви повсеместно. Руководителю клироса знание их совершенно необходимо.

Предлагаем следующую «схему-шпаргалку» для более легкого их усвоения.

Как пользоваться «схемой-шпаргалкой»:

Одного правильного ответа на этот вопрос нет, т.к. степень церковности и музыкальной подготовки у всех разная. У всех эти мелодии в той или иной степени на слухý (в зависимости от их посещаемости храма) и м. б. достаточно пространны, но вместе с тем весьма фрагментарны. Человек может знает «Царю небесный», но то, что это может служить образцом для пения стихир 6-го гласа он скорее всего и не догадывается. Или знает «Спаси Господи люди Твоя» или «Рождество Твое Христе Боже Наш», но то, что так же следует петь тропари 1-го и 4-го гласов, ему невдомек. Поэтому, надо приложить труд, и разобравшись в собственных знаниях, составить себе шпаргалку по образцу предлагаемой вашему вниманию (Приложение 4). Так как тропари Великих праздников легче запоминаются даже чем Воскресные, на предлагаемой схеме мы даем тропарные гласы по совпадающим с ними тропарями Великих

Праздников. Некоторые другие знакомые мелодии мы даем в гласах стихирных. Что касается ирмосов и прокимнов, то их нужно просто выучить. Найдя знакомые мелодии запишите их названия себе в шпаргалку. Для запоминания стихирных гласов, в семинарии студентов заставляют выучивать на память все восемь воскресных догматиков, что не так сложно, т.к. мелодия в сочетании с текстом усваивается более легко. Для студентов изначально с нулевым багажом знаний, предлагаем освоить материал в Приложении 3.

Тема эта весьма запутанная, в силу общественных изменений, внесенных Петром I в жизнь Российской империи в ту эпоху. Распевом у нас принято называть корпус песнопений, обобщенный какими-либо признаками, мелодическими или ритмическими. В Русской Церкви известны распевы Знаменный, Киевский, Греческий, в большой и малой разновидностях, и еще Болгарский. Единственным истинным распевом по определению является наиболее древний Знаменный, т.к. его ни с чем не спутаешь, с его попевками и синкопами. Что касается остальных, то они согласно А. Преображенскому, появились на Руси в XVII веке, принесенные туда Киевскими певцами, которым покровительствовали Царь Алексей Михайлович и Патриарх Никон. При таком покровительстве немудрено их быстрое распространение.

Знаменный же распев видимо остался достоянием старообрядцев, оппозиционно настроенных к царю и патриарху. Причем монофонный Знаменный распев никогда не был запрещен в «официальной» Церкви, а просто постепенно вышел из общего употребления, и местами сохранялся, напр. в Кремлевском Успенском Соборе, почитаемом собором «всея Руси». Тот же Преображенский указывает, что Болгарский и Греческий распевы пришли к нам благодаря контактам Киевских монахов с Афонскими монастырями. И москвичи того времени видимо приспособили на свой лад эти распевы так, что и греки, и болгары не узнают приписываемых им мелодий. В музыкальном отношении они мало чем отличаются один от другого, особенно в дьячковской гармонизации, и их так сказать «генеалогия» весьма неясна. Так что из всех этих мелодий распевов за последние три века у нас получился такой винегрет, что трудно определенно сказать, что есть что. Точнее было бы условно их определить как «так называемые Греческий, или Киевский или Болгарский распевы». А тут еще дело осложняется наличием разных вариантов, которые назовем напевами монастырского происхождения; Киево-Печерского (в отличие от Киевского), Валаамского, Троице-Сергиевой Лавры, Оптиной Пустыни, Глинской Пустыни, и многих других. Кроме того, в монастырях еще наличествуют системы «внутри-монастырских» подобнов. Таким образом, у клиросного неофита головокружение обеспечено.

О различиях в мелодиях одного и того же гласа.

Иногда встречаются кажущиеся противоречия при исполнении того или иного гласа. Смущаться не следует, ибо наше церковно-музыкальное наследие содержит великое разнообразие различных распевов и напевов: Знаменного, Греческого, Киевского, Болгарского, и все они на сегодняшний день в нашей клиросной практике достаточно перемешались, и образно говоря, представляют собой некий курьезный «салат-оливье» на нашем богослужебном меню. Вкратце прокомментируем некоторые наши наблюдения хотя бы касательно тропарной категории гласов:

1. Глас 1: все ясно, разночтений нет.
2. Глас 2: здесь «спорят» между собой, гласы стихирный (сокращенного Киевского распева) и тропарный (сокращенного Греческого). Тропари иногда поются на стихирный глас. Случаи пения стихир на тропарный глас нам не известны.
3. Глас 3: здесь обмен происходит между категориями стихир и ирмосов.
4. Глас 4: на выбор у нас:

а. Самый простой «как Богородице Дево радуйся».

б. Греческого распева в гармонизации М.С. Константинова.

в. В гармонизации Б.М. Ледковского.

г. Московский вариант в гармонизации Кастальского.

5. Глас 5: на один и тот же напев поются тропари, стихиры и ирмосы. Ирмосы иногда поются на сокр. Знаменный распев. Рекомендуем вариант гармонизации Обихода Ледковского на «Господи воззвах» применить и к тропарям. Он того стоит.

6. Глас 6: разночтений нет. Все ясно.

7. Гл. 7: обычно в эмиграции исполняется сокр. Болгарский распев, а в Москве сложилась своя традиция тоже Болгарского распева только своего московского варианта.

8. Гл. 8: существующий у нас «универсальный» 8-й глас сокр. Киевского распева достаточно банален по своему звучанию, и в обычном исполнении напоминает звучание шарманки. Только крути ручку и получай 8-й глас. Этот напев ущербен не только потому, что напоминает шарманку, что еще можно было бы, сжав зубы терпеть. Тут дело хуже, т.к. в ряде случаев, искажается сам текст через неправильный перенос ударений. К примеру: «Славне́йшую» вместо «Сла́внейшую», «без истлени́я» (звучит как заболевание) вместо «без истле́ния», «благодарстве́нная», вместо «благода́рственная» и т. д. К счастью, у нас имеется достойная альтернатива, а именно этот же глас, также именуемый Киевским Распевом, но кажется не сокращенным. Здесь нет этих *ad nauseum* повторяемых попевок из четырех нот, бесконечно ступенчато движущихся то вверх, то вниз. «Достойно есть», также очень удобно поется на гласовые мелодии. Наиболее популярные – стихирные гл. 3-й и 7-й, и ирмосный 8-й, а также подобнов: текст удобно ложится на целый ряд, по моим наблюдениям чаще всего «небесных чинов», можно выбрать и многие другие (см. Приложение 7). Например, незабываемое впечатление оставляет исполнение этого текста на мелодию «Волною морскою», как оно звучит в Троице-Сергиевой Лавре в обработке архимандрита Матфея, хотя эта мелодия и не входит в общепринятый корпус подобнов. К слову, эта мелодия, «Волною морскою», употребляется в некоторых англоязычных приходах на отпеваниях, и звучит совсем не дурно. Славянский текст ирмосов «Яко по суху», при желании, также укладывается без особого труда. Тема для размышлений.

Вообще покойный отец Матфей был великим мастером по части переложений знакомых обиходных песнопений на самые неожиданные мелодии иных песнопений, столь же знакомых. (Напр. «От юности моея» на подобие «Во царствии Твоем» Московского напева). Подобной эластичности клиросного творчества приходится только радоваться, т.к. это свидетельствует о живом отношении к делу, вместо часто встречаемой закоснелости и ограниченности. Однако такая «не закоснелость» требует известной доли грамотности, чтобы не попасть в нелепое положение. Вспоминается трагикомический случай, когда один регент пел Пасхальные ирмосы в качестве катавасии с начала Великого Поста, мотивируя это тем, что, подготавливая нас к некоторыми двунадесятым праздникам (Воздвижения, Рождества, Сретения) таковые поются. Как же не спеть их перед «праздников праздником»? На все возражения звучал один неотразимый аргумент: «нет, нет, Вы мне не говорите, Я окончил регентскую школу в Джорданвилле». Крыть было нечем.

§ 6
«Дьячковская Гармонизация»

Известный церковный музыковед Иван Алексеевич Гарднер дал следующие сведения о происхождении этого вида пения. «Хотя все мелодии в синодальных нотных книгах приведены для одного голоса (т.е. в их основном, образцовом виде), с середины XVII века, вероятно под влиянием киевских певцов, привыкших к многоголосному (не унисонному) пению, утвердилась практика петь по синодальным нотным книгам в два, три и даже в четыре голоса. Основную мелодию по нотам поет второй голос; первый (верхний) идет параллельно с ним на терцию выше (реже делается наоборот: первый голос поет по нотам, второй сопровождает его терцией ниже; так поется, например, Великое Славословие малого знаменного распева); бас подбирает по слуху основные тона намеченных верхними голосами аккордов. Если имеется еще один голос (баритон), то он дополняет недостающие аккордовые тоны. Такой способ импровизированной гармонизации основной мелодии называется «дьячковским»; в прошлом (19-м) веке и в начале нашего

(20-го) столетия особенно славились таким пением московские дьячки; таким же способом, пели по синодальным нотным книгам во многих монастырях и даже в приходских церквах за будничными службами»[2].

Таким образом мы видим, что этот вид гармонизации сложился в тех храмах, где не было возможности исполнять сложные партесные авторские композиции, т.е. в монастырях и приходских церквах, на клиросах, где чаще всего пели не певцы профессионалы, а церковные дьячки или монахи-клирошане, короче любители. Это наводит на мысль о том, что именно этот вид пения, который органически связан с обиходом, т. е. песнопениями, непосредственно относящимися к богослужебным циклам – обеим триодям, минеи, октоиху, является истинной сердцевиной богослужебного пения. Здесь налицо импровизаторское искусство, требующее определенного опыта, навыков и грамотности, как музыкальной, так и общей. В наше время высшим эталоном этого вида певческого искусства являются наши отечественные монастыри, в первую очередь Троице-Сергиева Лавра, в чем не трудно убедиться при посещении тамошних будничных богослужений, а также безусловно Киево-Печерская с ее богатейшим распевом, который прекрасно исполняется там и по сей день. Присутствующим на этих службах становится ясно, что именно такое пение трогает верующую душу намного глубже, чем всевозможные композиторские ухищрения. Это лишний раз подтверждает бо́льшую значимость и уместность обиходного пения в церкви, чем партесные пьесы.

Исходя из клиросного опыта нашего времени, можно указать на некоторые особенности использования дьячковской гармонизации. Так, при вполне естественном параллельном движении в терцию двух верхних голосов, параллельное им движение голосов нижних весьма нежелательно. Следует также избегать пения басом мелодии распева на октаву ниже. Басам, импровизирующим басовую партию, рекомендуется по возможности применять контрастное движение, то есть, если верхние голоса движутся вверх, то басам следует двигаться

---

[2] И.А.Гарднер, предисловие к Обиходу Нотного Пения, Шевтонь, Бельгия. 1966.

вниз, и наоборот. Там, где это невозможно, при движении в одинаковом направлении следует избегать параллельных квинт и октав. Однако, следует заметить, что существуют исторические свидетельства о том, что монахи и дьячки в прошлом веке нередко пели вовсе не по правилам немецкой гармонии, которые вошли в современную практику, а в квинту и октаву, и что это составляло особую архаическую красоту их пения, которую отметили композиторы Московской Школы.

Каковым должно быть голосоведение в этом пении? Что касается верхних двух голосов, то от них ожидается только точное пропевание указанной мелодии. В их случае импровизация отсутствует, лишь бы чисто исполняли указанный мелодический контур.

Импровизация касается нижних двух голосов. От них требуется даже больше музыкальной чуткости, своего рода клиросного инстинкта, чем у верхних, так как их партия не написана в нотах. О басовом голосоведении уже было сказано выше. При этом только следует помнить, что именно басовая партия дает общее гармоническое направление данному песнопению. Что касается третьего голоса (баритона) то он должен обеспечивать полноту аккорда, звучать мягко, не назойливо, ни в коем случае не выделяясь. Нередко требуется, чтобы баритоновая партия сливалась то с басами, то с вторыми тенорами, временно отказываясь от самостоятельного звучания. Обычно случается, что баритон поет в очень узкой тесситуре, плавно передвигаясь между 2-я, 3-я или 4-я нотами, что требует наивысшего уровня музыкальной чуткости, гораздо большей чем у трех остальных голосов.

Итак, в дьячковской гармонизации, голоса распределяются следующим образом:

				(без тенора)
	мужской	женский	смешанный	малый
				смешанный
терция сверху	1-й тенор	1-е сопрано	тенор	сопрано
мелодия	2-й тенор	2-е сопрано	альт	

заполнитель	баритон	1-й альт	------	
гарм. основа	бас	2-й альт	бас	

Мы отдаем предпочтение именно такому раскладу голосов, в виду их тембровых особенностей. Сопрано, в силу наличия самых высоких частот в голосе, особенно на высоких нотах свойственна некая хрупкость звучания, нередко переходящая в дребезжание, или тремоло, навевающее нежелательное в церковном пении неспокойное настроение. Тенор звучит более «спокойно», поэтому в вопросе кому дать верхнюю терцию, мы отдаем предпочтение ему. Это конечно наше субъективное суждение, если сопрано и тенора в данном хоре равнокачественные. О качестве голосов и их распределение, конечное решение принадлежит регенту. Дополнительно предлагаем вполне приемлемые следующие схемы.

	Смешанный		малый смешенный	
			(без альта)	*или*
Терция сверху	сопрано		тенор	сопрано
Основная мелодия	альт		сопрано	тенор
Заполнитель	тенор		---------	---------
Гарм. основа	бас			

Пение на четыре голоса по монофонным квадратным нотам для новичка может показаться делом достаточно сложным, т. к. требует определенного навыка и музыкального инстинкта и является видом импровизаторского искусства.

Однако, существует еще один вид клиросного пения, требующий даже бо́льшей певческой сноровки чем приведенный случай. Имеется в виду пение на четыре голоса вообще без нот, по книге, где дан только богослужебный текст с указанием гласа или подобна, как это нередко бывает на наших клиросах. Это поистине высший класс клиросного пения. Этот вид импровизаторского искусства, требует известного уровня слуховых и вокальных навыков, а также общей богослужебной культуры и знакомства с грамматикой и синтаксисом богослужебного языка. Кроме того, он требует основательного знания нашего осмогласия, являющегося фундаментом богослужебного пения вообще. При этом следует знать, как совмещать музыкальные фразы с фразами исполняемого текста, дабы они звучали осмысленно и органично. Если заранее не разметить фразы, то редкий головщик (руководитель клироса) способен экспромтом справиться с данной задачей. И любо-дорого смотреть, когда это удается некоторым виртуозам.

При таком пении руководителю клироса следует заранее просмотреть богослужебный текст, и карандашом разметить фразы, дабы верующие легче воспринимали смысл того, что они слышат. (Ибо, увы, не все виртуозы).

§ 7
О пении «читком»

Здесь мы коснемся еще одной грани клиросного дела, а именно так называемого «читка». Мы его не пропагандируем, и не советуем «не зная броду соваться в воду». Во многих наших храмах его вообще не знают, и никто от вас его требовать не будет. Вовсе не зазорно петь и без него. Но если его исполнять хорошо, на достойном уровне, восприятию богослужения придается некое дополнительное измерение, которое трудно передать словами. Оно действует как на эмоциональные стороны слушателя своей динамичностью, так и на рассудочные, ясно донося богослужебные тексты до нашего сознания. Покойный архимандрит Матфей называл такую манеру подачи текста «высоким стилем». Скажем кратко, в чем суть пения «читком».

«Читок» представляет собой хоровой речитатив, употребляемый для пения многословных богослужебных текстов, (главным образом стихир, тропарей, ирмосов и иногда псалмов). Для него характерно пение многих слов на одном аккорде. Строго говоря, «читком» можно назвать любое силлабическое пение, предполагающее минимальное распевание слов: когда один-два звука приходятся на один слог. Наименование «читок» стало употребляться сравнительно недавно, для определения особого характера исполнения хорового речитатива, отличающегося безупречной ритмической, темповой и динамической ровностью. Формирование такого характера пения было постепенным и об этом можно говорить лишь в предположительном ключе – как обо всем, что формируется в недрах устной традиции. Но по некоторым сохранившимся записям, а также свидетельствам современников можно сказать, что к этой специфической манере исполнения «псалмодийных» песнопений тяготел руководитель Синодального хора В.С. Орлов, а также его более поздние последователи В.С. Комаров и Н.В. Матвеев. Однако наиболее мощно она воплотилась в творчестве Архимандрита Матфея и возглавляемого им Лаврского хора. Ценность этого характера пения – в более удобном достижении выразительности и ясности пропеваемого текста.

Так как в богослужении на первом месте стоит слово и его смысл, дабы он вразумительно доходил до сознания молящихся, его надлежит исполнять с предельно ясной артикуляцией; на мощнейшем дыхании для обеспечения максимального легато. При этом размер и деление на такты отсутствует. Музыкальная фраза полностью зависима от длинны фразы текста. Слова должны звучать с одинаковой ровностью, здесь уместно следующее сравнение. В каждой музыкальной фразе следует нанизывать слова как жемчужины на нитку. Здесь нужна максимальная координация чтобы поющие ощутили, как бы пульс фразы как один человек, не замедляя всех и не вырываясь вперед. Фактически, хор должен стать как бы одним человеком – чтецом, канонархом, плавно читающим текст. Главная отличительная черта «читка» – это его ровность, для оптимальной передачи слова.

При неумелом исполнении «читка» можно совершенно лишить пение выразительности, и даже впасть в некоторое декадентство и прямую патологию. Печальное искажение его наблюдается, когда исполнители его поют на стаккато (или полу-стаккато), что придает звучанию впечатление совсем неуместного автоматизма и никому не нужного скандирования. Практически процесс сводится к следующему:

1. Музыкального размера вообще нет. Он отсутствует.

2. Длинна фразы зависит от текста, а не количества нот.

3. «Пульс» песнопения ровный. Убыстрять или замедлять его противопоказано.

4. Все певцы этот пульс ощущают постоянно.

5. Не следует доводить пение до автоматизма. Мы люди, а не роботы.

В заключение хотим напомнить, что мы коснулись этого вопроса, не в духе обязательном, а в духе рекомендательном, для тех, кому эта задача по плечу, что далеко не всегда бывает. А также чтобы вы были бы в курсе дела, что такое явление существует.

§ 8
Выбор богослужебного репертуара

При выборе произведений для пения за богослужением, регенту следует руководствоваться не своим капризом, а здравым смыслом. Предлагается несколько практических соображений по этому вопросу.

1. **Не брать слишком сложных произведений.** У некоторых регентов, особенно начинающих, нередко наблюдается склонность выбирать произведения превышающие способности хора. Каждому хочется спеть «нечто этакое». Это приводит к печальным последствиям. В результате молящиеся внимают не хорошо исполненному духовному песнопению, а спевке хора, звучащей отнюдь не благозвучно с фальшью в нотах и с ритмическими сбоями, без должной художественной отделки. Такое «пение» является издевательством над молящимися, особенно теми, кому не повезло иметь музыкальный слух и эстетическое чутье. А вообще-то это некрасиво и безответственно по отношению к Церкви вообще, и к своему приходу в частности. К примеру, нам известен приход, в котором регент очень любит один праздничный концерт Бортнянского и очень хочет его спеть. А силы не те. Ни музыкальные, ни вокальные. На протяжении ряда лет из года в год в праздничный период этот несчастный концерт все мучают и мучают, а с ним и прихожан, и никак не могут прикончить (концерт – а не прихожан), т.к. регент его постоянно реанимирует, и никак не может с ним ни

справиться, ни расстаться. Для решения этой на первый взгляд неразрешимой задачи можем предложить единственно доступный выход: со своим хором поставить конкретную цель – выучить данное произведение, и увеличить количество спевок, (которые, кстати, в названном приходе проводятся весьма «символически» после воскресной обедни далеко не каждую неделю, а то и раз в несколько месяцев). При такой постановке дела, не удивительно что этого бедного Бортнянского «мусолят» столько времени, и никак не «домусолят». Так что, помня народную мудрость, что «охота пуще неволи», следует набраться терпения и работать как следует, а не «спустя рукава», по поговорке «искусство требует жертв». При наличии такой работы, и достижении желаемого результата, у хористов, (да и у регента, если он не абсолютный пень – бывает и такое), появится чувство удовлетворения и гордости за проделанный труд, что весьма поднимет дух в хоре, и что поспособствует освоению дальнейших «музыкальных Эверестов».

2. **О душевности и духовности в церковном искусстве.** Эта тема напрямую относится к вопросу выбора репертуара. Тема достаточно абстрактная, в результате чего люди мало церковные путают одно понятие с другим. Мы еще коснемся (в § 9) того, какое влияние музыка и ее отдельные элементы имеют на человека, в создании того или иного настроения. Именно эмоциональное увлечение чем-либо «красивеньким» или душещипательным под влиянием какой-либо мелодии, или гармонических переливов, и создание в себе соответствующих настроений свидетельствует о «душевности» произведения. При этом, часто музыка не соответствует исполняемому тексту. И этот наплыв эмоций нередко ложно воспринимается человеком чуть ли не как какое-то внутреннее духовное «озарение». С другой стороны, «духовность» подразумевает внутреннюю стабильность, связанную с понятиями «трезвения» и «бесстрастности» столь ценимых в духовной жизни. И подобные «озарения» здесь трактуются как прелесть, или просто духовный самообман, гибельный для души. Понятиям духовности наиболее созвучен дух нашего осмогласия, помещенного в нашем обиходе, ввиду чего оно и является основным стержнем нашего

церковного пения. Душевность же прочно въелась в организм нашего церковного пения с XVIII века под влиянием чужебесия свойственного Петровской эпохе, и внесла крупный духовный диссонанс в жизнь Русской Церкви, чуждыми ей совершенно не приличествующими богослужению мелодиями, нередко взятыми из светской музыки. Нашим единоверцам из других Поместных Церквей повезло больше, и они избежали этой участи. Что же касается авторских произведений, то они напрямую запрещаются церковными правилами, (Трулльского, и 7-го Вселенского Соборов) но под влиянием всеобщего обмирщения нашей церковной жизни никто с этим не считается, и все об этом очень удобно «забыли». Нас же, на подобие «французского насморка», культурная Европа заразила «духовно-неприличной» болезнью душевности, вследствие чего, многие готовы принять любое преподносимое банальное рококо за «озарение». Как пример такового приводим «Покаяние» Веделя. Или сопоставьте для противоположности текст Троицкой стихиры «Преславная днесь» в трактовке Дехтярева с тем же текстом, напева Троице-Сергиевой Лавры в аранжировке Иеромонаха Нафанаила. Церковному регенту и такие соображения следует иметь в виду.

3. **Будет ли выбранное произведение способствовать молитве, или мешать ей?** Существует расхожее мнение, что о вкусах не спорят. Это же относится и к сфере церковного искусства, как изобразительного, так и певческого. Какими же критериями мы должны руководствоваться в этом вопросе? В свое время, приснопамятный митрополит Филарет (Вознесенский †1985) в беседе об иконописных стилях, на вопрос какие иконы он предпочитает, древнего письма или более позднего, ответил, что, ему любая икона хороша, лишь бы перед ней можно было хорошо молиться. Тот же критерий приложим к церковному пению, при рассмотрении свободных композиций для исполнения в храме. Надо четко определить: содействует ли данное произведение молитвенной настроенности прихожан, либо явится помехой тому. Также, при оценке той или иной свободной композиции, всегда неизбежно стоит вопрос, насколько это произведение «церковно», т.е. насколько оно

соответствует духу православного богослужения и установившимся в нашем церковном быту традиционным богослужебно-эстетическим нормам, определяющим «церковность» или уместность исполнения того или иного песнопения в храме. Дабы предотвратить злоупотребления при исполнении песнопений на клиросах, Типикон дает предупреждение в своей 28-й главе «О безчинных воплех». О том же издан и 75-й канон Шестого Вселенского Собора (Приложение 8).

Следует помнить, что, основой православного богослужебного пения, определяющей его внутренний дух и общую направленность является осмогласие, представленное в наших одноголосных обиходах в разных его вариантах, распевах – Знаменном (большом и малом), Греческом, Киевском, Болгарском. Таким образом мерилом для сравнения – «пробой на церковность» является наш Обиход. Если свободная композиция стилистически резко диссонирует с общей звуковой «атмосферой» храма, то к ней следует отнестись осторожно.

В суждениях о различных стилях русской церковной музыки не следует впадать в крайности. Например: к началу XX века в России наблюдалось возвращение к русским народным музыкальным корням композиторов Московской Школы или т. н. «Нового Направления», в противовес прежде доминирующему влиянию итальянской и немецкой школ композиции. В церковных кругах нередко слышались презрительные отзывы об «Итальянщине» в церковном пении. Поучителен случай, когда в присутствии архимандрита Матфея (Мормыля) на спевке, один из его ведущих певцов пренебрежительно отозвался о творчестве Бортнянского. «На это отец Матфей негромко, но весомо сказал: «Много ты понимаешь? Это, может быть был самый верующий человек своего времени».[3] Конечно, творчество Бортнянского учившегося музыке в Италии, естественно носило отпечаток западного влияния, но тот же Бортнянский написал ирмосы Великого Канона «Помощник и Покровитель», без которых немыслимы наши великопостные службы, а также и многое другое: «Под Твою милость», «Приидите

---

[3] Бетина, А. Пою Богу моему дондеже есьм. Сергиев Посад. 2019

ублажим», «Царскую Херувимскую №7» и т.д. Здесь уже звучала не Италия, а та богатая музыкальная атмосфера Малороссии, откуда происходил композитор.

Ниже (в §10) мы коснемся вопроса разнообразия в богослужении, и о путях преодоления скучного монотонного однообразия, на которое иной раз сетуют прихожане. Многое в этом случае, также зависит и от подбора регентом репертуара для исполнения в храме. Понятие разнообразия не следует смешивать с разношерстностью стилей, т.е. когда Богослужение представляет собой не гармоническое, стройное, единое целое, а скорее напоминает пестрое лоскутное стеганное одеяло.

Православное богослужение, как в духовном отношении, так и в художественном, являет собой одно, единое целое, имеющее свою форму и характер. Молящиеся, уходя из храма после службы уносят в себе единое, цельное состояние души, навеянное на них не в последнюю очередь слышанными ими музыкальными элементами, мелодии, гармонии и ритма. Здесь очень важно именно «выдержать богослужение стилистически». В противном случае молящийся выйдет из храма не с миром и покоем душевным, а наоборот в состоянии внутреннего смятения.

4. **Опыт стилистического выстраивания богослужения.** Важным фактором в данном случае является соотношение тональностей, звучащих в храме. По возможности следует избегать резких переходов из тональности в тональность, а в случае изменения, придерживаться близких, родственных ладов: доминантного, субдоминантного или родственного минорного. Они служат неким объединяющим элементом для всего что исполняется в храме. Музыкально планируемую службу, можно разделить на несколько звуковых целостно воспринимаемых «блоков». Возможный вариант такого разделения предлагается:

За Божественной Литургией:

1-й блок – Великая Ектения, Антифоны, Блаженны можно подогнать на тот тон, в котором будут тропари – чтобы они были тонально едины. Выдержать стиль - либо близких по школе композиторов - либо монастырский, но, чтобы не было пестроты звучания.

2-й блок – независимый: Тропари, Прокимны, и Аллилуарии – здесь «свободное плавание».

3-й блок – Херувимская, Верую, Милость Мира, Достойно Есть, Отче Наш. В создании этого звукового блока придерживаться тех же принципов, что и в первом блоке.

Примечание о пении Молитвы Господней: Слова этой молитвы столь святы и глубоки, что всевозможные композиторские изощрения над текстом, нам видятся просто кощунственными и неприличными, и следовательно, греховными. Единственным исключением из этого нам видится вариант Римского-Корсакова, именно в силу отсутствия упомянутых изощрений и простоты. Еще один уместный вариант, это то же песнопение Знаменного Распева, по той же причине. Кстати, в восточных церквах этот текст не поется, а читается.

4-й блок – Окончание литургии. Согласно богослужебному уставу, должен петься т. н. причастный стих. Иногда их бывает 2, в зависимости от празднуемого дня. Хотя ноты этих стихов помещены в певческом обиходе и существуют их четырехголосные гармонизации, к сожалению, они обычно исполняются речитативом на одной ноте. Это в какой-то мере обедняет богослужение. Продолжительность причащения духовенства в алтаре зависит от числа служащего духовенства. Если служит один священник, то он может успеть причаститься и во время пения причастна, тем более если их два. Если же литургия архиерейская или соборная священническая, то на причащение в алтаре обычно уходит больше времени. После исполнения причастного стиха, во избежание длинной паузы, во время которой, прихожане часто занимаются неуместными разговорами, можно исполнять разные песнопения по выбору. А еще лучше, чтобы избежать пустословия прихожан, занять их народным пением; для этого очень подходят общеизвестные песнопения вроде «Под Твою милость», «Не имамы иныя помощи», «Царице моя преблагая», либо псалмы – 50-й или 90-й, первый в изложении архимандрита Матфея, второй по «Ново-Дивеевскому образцу», (по некоторым данным это Карпатский 5-ый глас). В обоих псалмах две чередующихся простых музыкальных фразы, по схеме вопрос-ответ, легко усвояются поющим народом. Чтобы это происходило без сбоев, хор поет первые несколько слов, а затем, народ продолжает.

Также, очень хорошо для этого подходят взятые из всенощной стихиры относящиеся ко дню, или праздничные ирмосы (Пасхальные, Рождественские и т. п.) Если в алтаре происходит задержка с причащением, что бывает, то можно читать молитвы ко Святому Причащению. Прочие литургийные песнопения стилистически и гармонически выстроить согласно принципам, изложенным выше.

Неким стержнем, объединяющим блоки и проходящим через всю литургию, являются ектении: Великая, Сугубая и две Просительных. Их следует выдерживать в единообразном звучании – либо монастырском, либо композиторском, не важно, но важно чтобы при этом была сохранена внутренняя целостность звучания и эмоционального состояния.

О всенародном пении (*примечание*)

Существует полезный благочестивый обычай петь некоторые вещи всенародно. На литургии к этому чаще всего относятся: «Верую», «Отче Наш», и «Тело Христово приимите». Одно время, еще в 1960-х годах в Свято-Троицком монастыре в Джорданвилле, вошло в обычай всенародное пение, начинавшееся с «Отца и Сына и Святаго Духа», и продолжавшееся до причастного стиха включительно. Оба клироса, правый и левый, выходили на середину храма, становились полукругом и пели. Народ, стоявший тут же, и заполнявший храм, пел вместе с клирошанами. Молитвенный подъем ощущался всеми. После причастного стиха нередко еще пели всем храмом «Под твою милость», «Пред святою твоею иконою», или что-либо иное праздничное и общеизвестное. В это время происходило причащение духовенства. К моменту причащения мирян певцы возвращались на клирос. Подобное пение время от времени практикуется и на различных церковных торжествах и поныне. Так что блок народного пения занимал значительную часть литургии (минут до 30-и, или 40-а).

Всенощное Бдение можно выстроить по тем же принципам. Народное пение возможно на «Величаниях», «Воскресение Христово видевше», и на литии – второе исполнение тропаря праздника при троекратном пении его. Чтобы дать правильное «направление» народному пению, хор может пропеть несколько начальных фраз (напр. Верую или Отче Наш), а народ с их тона может подхватывать дальше.

§ 9
К выбору репертуара: влияние музыки на человека

С вопросом выбора богослужебного репертуара тесно связан вопрос влияния на слушателя как музыки в целом, и ее отдельных граней: ритма, мелодии, гармонии, а также ее второстепенных элементов, как динамики и темпов. Еще в глубокой древности такие философы как Сократ, Платон и Аристотель признавали огромное влияние музыки на человеческую душу и ввели музыку в число наук, необходимых для оптимального воспитания полноценного человека той эпохи. Да и ранние отцы Христианства, как на востоке, так и на западе, уделяли немало времени этой теме. Они тщательно классифицировали существующие музыкальные лады (которые перешли в гласы осмогласия) и определяли их пригодность к церковному употреблению. Климент Александрийский указывал какие лады были приемлемы к употреблению в богослужении, а каких следовало избегать, главным образом тех, которые были связаны с вакхическими обрядами. Причем подробно определялось, какие эмоции были присущи каждому ладу. Этими вопросами занимался и Тертуллиан, а также Священномученик Игнатий Богоносец, который, между прочим, первый ввел практику антифонного пения в Церкви. В наше время эти вопросы также живы. Такой тонкий наблюдатель как Блаженнейший митрополит Анастасий комментировал о соотношении музыки и молитвы: «Молитва – это высшее выражение человеческого духа на земле, нередко стремится воплотить себя в стройных музыкальных звуках, которые не только служат для нее прекрасной одеждой, но и являются крыльями, возносящими ее к небесам, где никогда не смолкает ликующее пение – этот постоянный язык ангелов»[4]. Да и врачебная практика не чужда этой тематике. На моей памяти, в Мюнхене проживал и работал Профессор Иван Шумилин, который занимался вопросами лечения музыкой, и даже приезжал с лекциями в Америку и, помню читал их у нас в приходе в Наяке.

Основные элементы музыки весьма разнообразны. Мелодии могут быть веселыми (доходящими до игривости), нейтральными, печальными, душещипательными, сентиментальными, приторно-слащавыми. Словом, тут целый спектр возможно создаваемых настроений. Гармония в основном либо диссонантная, либо консонантная. Разница зависит от мягкости или резкости вводимых диссонансов и способов их разрешения. Это тоже влияет на внутренние ощущения. Самый основной элемент – ритм, создает либо внутренний покой, ровностью звучания, либо беспокойство и внутренний дискомфорт смещениями естественных ударений, И от регента зависит в каком душевном состоянии выйдет из церкви молящийся. И за это он несет ответственность перед Богом. С этим также связана и тема о культуре вокального звука; нельзя петь красивые песнопения некрасивым звуком. Регент также обязан следить за этой стороной дела. Сравним церковное пение с иконописью. Представим себе широко известную икону Святой Троицы кисти преподобного Андрея Рублева, написанная дивной чистоты красками. И вот перед нами две копии: одна написана безукоризненно так, что от подлинника и отличить невозможно, а вторая, сохраняя композицию и общие контуры, намалевана каким-то богомазом грязными размытыми красками и представляет собой уродливую пародию на оригинал. То же самое приложимо и к области церковного пения. Как бы прекрасна композиция ни была, но если будет исполняться фальшиво неблагозвучными голосами, то окажется тем же уродством. Нельзя уродовать прекрасную музыку дурными голосами. Здесь нужно точно интонировать и держать

---

[4] Анастасий, Митрополит. Беседы с Собственным Сердцем.1998. Джорданвилль. с 106

эмоциональный настрой, который передастся и слушателям.

§ 10
О разнообразии в богослужении

Более полутора тысячи лет назад, Святитель Иоанн Златоуст, рассуждая о богослужебном пении высказал следующие мысли, вполне применимые и к нашим временам.

«Для чего употребляется пение? Послушай. Бог, видя, что многие из людей нерадивы, тяготятся чтением священных писаний и неохотно принимают на себя этот труд, и желая сделать этот труд вожделенным и уничтожить чувство утомления, соединил с пророчествами мелодию, чтобы все, услаждаясь стройностью напева, с великим усердием возносили Ему священные песнопения. В самом деле ничто, ничто так не возвышает и не окрыляет душу, не отрешает ее от земли, не избавляет от уз тела, не располагает любомудрствовать и презирать все житейское, как согласное пение и стройно составленная божественная песнь.» (толкование на псалом 41).

Так писал святитель 16 веков тому назад. Немощная человеческая природа с тех пор ничем не изменилась, а если и произошли изменения, то скорее не в лучшую сторону, и мы стали более нерадивы и ленивы. Поэтому и возникает вопрос о внесении в богослужение элементов «услаждающих стройностью напева». В самом деле, нередко слышатся сетования о монотонности и однообразии богослужений даже от людей, воспитанных в Церкви. Что же говорить о тех, кто пришел в церковь недавно и еще никак не готов "принимать твердую пищу" духовной жизни.

Приходится признать, что, к сожалению, в некоторых храмах подбор исполняемых песнопений достаточно однообразен и поэтому весьма предсказуем. В одном центральном и преуспевающем приходе, к примеру, репертуар настолько «окостенел», что много десятилетий подряд на всенощных бдениях, как воскресных, так и праздничных, звучал (и вероятно, до сих пор звучит) один и тот же предначинательный псалом Аллеманова, в то время как существует еще с десяток композиций и аранжировок этого псалма, которые можно и следовало бы чередовать на службах. В том же храме за Божественной Литургией круглый год торжественно звучит перед чтением Евангелия одно и то же Аллилуйя московского напева, а аллилуарии восьми гласов вроде бы и вовсе не существуют. «Опевание» Евангелия еженедельно звучит Мокранца, т.к. долголетний регент был из Белграда, и другого певчие себе просто не представляли. Аллилуарий, между прочим, несет функцию прокимна перед Евангелием, и по уставу его положено петь на указанный глас. К слову, такое же разнообразие гласов предписано и на Воскресных всенощных, где «Свят Господь Бог Наш» также поется на глас Недели. Если при этом к тому же звучит еще Бахметевский Обиход, как в данном случае, с его безвкусным «придворным» напевом, где многие прокимны поются на одной ноте с кадансовым оборотом Т-С-Д-Т (I-IV-V-I), а все ектении по схеме «до ля фа», то картина клиросного упадка становится полной. Причиной тому нам видится незнакомство некоторых регентов/псаломщиков с существующим мелодическим богатством, содержимым в наших одноголосных обиходах.

Именно к этому источнику следует обратиться в поисках нового материала в случаях, подобных описанным выше. Если руководитель клироса имеет музыкальное образование и способен делать грамотные гармонизации и аранжировки из упомянутых в первой части одноголосных обиходов, то тем лучше. В противном случае можно обратиться за помощью либо к грамотному коллеге в ближайшем приходе, либо, за неимением такового, найти нужный материал в одном из многих ныне издаваемых в России сборников, которые обильно наполняют витрины и полки в церковных книжных лавках, и которых легко найти в интернете.

Помимо расширения репертуара, возможен ряд мер, могущих внести естественное и уместное оживление по ходу богослужения. Об этом следует в первую очередь посоветоваться с настоятелем, и действовать только по его благословению.

Предлагается:

За Всенощным Бдением:

1. При чтении канона чередовать чтецов при чтении тропарей и

припевов. Т. е. один читает припев канона, а второй читает его тропари.

2. Таким же образом можно чередовать чтецов при чтении стихир и запевов. Это там, где пение стихир затруднено за неимением компетентных певцов. Лучше хорошо прочитать стихиры, чем пропеть их кое-как с сомнительной дикцией и интонацией. Однако, там, где есть опытные певцы способные хорошо исполнить стихиры, хотя бы квартетом, то конечно следует их петь, что в большой мере сразу оживит и придаст бодрости молящимся.

3. Там, где это практически возможно и целесообразно, полезно введение пения стихир с канонархом, хотя бы стихир на «Слава», а также на «И ныне». К такому типу пения могут присоединиться и молящиеся.

4. Пение с канонархом первой стихиры на литии, при исхождении духовенства из алтаря в притвор в кануны великих праздников подчеркивает торжественность богослужебного момента и усугубляет ощущение праздника у молящихся.

5. Введение общенародного пения в некоторые моменты всенощной, например тропаря праздника на литии вместе с духовенством, чередуясь с хором; во время Величания; а также «Воскресение Христово видевше» на воскресных всенощных.

6. На воскресных всенощных, вместо обычного чтения, петь «степенны» антифоны, либо на глас недели, либо используя приличную композицию в церковном духе. Рекомендуем в первую очередь творение митрополита Ионафана (Елецких). Произведения, изданные в России, не сложные и звучат вполне молитвенно.

7. На воскресных всенощных пение догматика Знаменным распевом в унисон возможно при наличии адекватного мужского состава, что своей «необычностью» усугубляет торжество, если исполнение достаточно качественно, разумеется. Иначе и браться не стоит.

8. Введение пения важных праздничных стихир «на подобен» придает богослужению особый духовно-праздничный оттенок. Бояться «подобнов» не следует, они ничуть не страшны и помещены как приложения в Спутнике Псаломщика, а также в Синодальном квадратно-нотном Октоихе. Настоятельно советуем использовать это церковно-культурное богатство и обратить на него серьезное внимание.

9. Пение стихиры «Преблагословенна еси Богородице Дево» перед Великим Славословием за воскресной всенощной обычно исполняется на 2-й глас, так как этот текст находится в октоихе именно в службе этого гласа. Тем не менее, эта стихира исполняется еженедельно. В некоторых храмах, напр. в Скорбященском соборе гор. Сан-Франциско, вошло в обычай исполнять ее не обязательно на 2-й глас, а на рядовой глас Недели. Такая практика заметно оживляет службу и ничего зазорного в ней нет.

10. В Русской Православной Церкви вошло в обычай в конце Первого Часа петь кондак Пресвятой Богородице «Взбранной Воеводе победительная». Возник этот обычай в Московской Руси в связи с чудесным заступничеством Пресвятой Богородицы за город Москву перед лицом неминуемого разорения города татарскими полчищами. В других Поместных Православных Церквах этот обычай отсутствует. Отсутствует он и в нашем Часослове. Во многих кафедральных соборах в России, а также в Синодальном в Нью-Йорке и Скорбященском в Сан-Франциско, на Великие Праздники и в периоды попразднства и до отдания их, вместо «Взбранной Воеводе» вошло в обычай петь кондак данного праздника. Во всех остальных случаях непременно поется «Взбранной Воеводе».

За Божественной Литургией:

1. Ввиду того, что, по сравнению со всенощной, пение на литургии прерывается чтением гораздо реже, да и чтение совсем иного характера – Священное Писание и ектении – литургия представляет собою некий музыкальный монолит, имеющий

определенную звуковую окраску и форму. Поэтому при подборе исполняемых композиций весьма важно учитывать их общий характер, и то, насколько они гармонируют между собою в отношении тональностей, темпов, взаимного звучания и прочих факторов. Приевшаяся формула, Кастальский – Бортнянский, Львов – Чесноков, не всегда бывает удачной при выборе репертуара для любой более или менее торжественной Литургии, особенно архиерейской. Весьма духовно утешительно выходить из храма в конце литургии, имея в душе не только радость от полученной за службой благодати, но и целостный звуковой отпечаток в сознании, который затем сопутствует человеку в течение дня. (См. § 7 Выбор богослужебного репертуара.)

2. Чтение или пение (предпочтительно) на «Блаженных» тропарей из канона усугубляет праздничное торжество.

3. Общенародное пение за литургией значительно повышает молитвенное настроение предстоящего в храме Народа Божия. При наличии голосистых диаконов руководство этим пением обычно поручается им. Повсеместно принято петь всем храмом Символ Веры и молитву Господню «Отче Наш».

4. Прокимны и Аллилуарии следует петь непременно на глас, памятуя, что даже в пределах одного гласа имеется достаточно широкий выбор распевов – Знаменного, Киевского, Греческого, Киево-Печерского и иных.

5. Стремящиеся к соблюдению уставной строгости богослужения, могут в этом преуспеть, исполняя вместо запричастного «концерта» положенный причастный стих, который также помещен в одноголосном обиходе. Выбор в этом отношении достаточно велик. К примеру, в квадратном Синодально-московском воскресный причастный стих «Хвалите Господа с небес» дан в четырех вариантах: а. Знаменного распева, б. «Инаго» распева, в. Киевского распева, д. «Ин» распев. Таким же образом расписаны праздничные и будничные литургийные причастны. Поэтому нет никакой надобности, пропев причастный стих на одной ноте с неизбежным окончанием – тоника, субдоминант, доминант, тоника,

вопрошать хористов, «что будем дальше петь, «Заступнице Усердная» Чеснокова или «К Богородице Прилежно» Архангельского?»

§ 11
К Вопросу о Богослужебных Сокращениях

Вопрос богослужебных сокращений, вопрос чисто пастырский, и решение его лежит полностью на настоятеле. Соответственно, это вопрос не регентский, и ему только надлежит исполнять предписания настоятеля. Настоятель несет ответственность перед Богом в деле духовного воспитания духовной семьи – прихода. И в этом вопросе ему приходится руководствоваться соображениями общей пользы, которые сводятся к одной заботе: «лишь бы не навредить» духовному состоянию прихожан. Соображения строгости и мягкости приходится уравновешивать, смотря по обстоятельствам. С одной стороны, чрезмерной мягкостью можно совершенно распустить прихожан, и потерять их уважение, а с другой стороны, большая строгость их может разогнать, и тогда закрывай приход. Опытные духовники напоминают, что всем людям свойственно ошибаться. И священник в этом отношении не исключение. Будет ошибаться и он. Но при этом по духу христианства вообще – лучше ошибаться в сторону любви, чем в сторону жесткости (Архиепископ Андрей Рымаренко †1978). Мудро примененное «оружие благоволения» гораздо действеннее нежели неумело проводимая политика «кнута и пряника» да еще помноженная на «синдром настоятельской непогрешимости». Это приходится батюшке учитывать во всех проявлениях приходской жизни, не исключая и богослужебную.

Свойственная русскому церковному человеку консервативность часто налицо именно на наших клиросах. Один опытный и бывалый пастырь как-то провел следующее наблюдение: «все мы немножко старообрядцы». И об этой нашей особенности не следует забывать. Бытует мнение, что для старообрядца важнейшая книга в Христианстве не Евангелие, а Типикон. Подобная тенденция просматривается у наших некоторых клиросных энтузиастов, страдающих «усердием не по разуму». Таковых известный литургист архим. Киприан (Керн) характеризовал не как типиконщиков, а тупиконщиков. Да не будет этого в нашей среде.

Вопрос богослужебных сокращений является лишь одной гранью более широкого болезненного явления церковной жизни охарактеризованного метким определением приснопамятного архиепископа Виталия (Максименко) как «**протестантизм восточного обряда**» а именно: всеобщей церковной модернизации, широкой волной, захлестнувшей православный мир в США. Внешне этот процесс выражается в нарушении церковной дисциплины, как духовной, так и богослужебной: ослаблении или вообще отмене постов, переходе на Григорианский календарный стиль, искажении Типикона, сокращении богослужений, установке в храмах скамеек и даже органов на западный лад, упразднению богослужебных завес, а с ними иногда и царских врат, а также и традиционного обличия священнослужителей. Наблюдается некая "макдональдизация" православия, потому что это все «вэри найс».

Вопрос сокращения богослужений на приходах Зарубежной Церкви достаточно сложный. По нему нет единомыслия ни среди иерархии, ни среди духовенства, ни среди прихожан. Иные верующие в таких сокращениях находят греховный оттенок, справедливо усматривая, что это является произвольным уродованием богослужения, нарушающим его внутреннюю структуру и потакающим внутренней духовной распущенности и лени духовенства и паствы. Многими нашими прихожанами и богомольцами такие сокращения воспринимаются как недопустимое расшатывание церковной дисциплины и их позицию можно сформулировать примерно так: «Мы сего в РПЦЗ не приемлем»! – иными словами, «хотите коротенькую службу – ступайте к модернистам»!

И тем не менее, проблема существует. Выражается она главным образом в резком упадке за последние годы посещаемости наших богослужений, главным образом всенощных бдений. Наблюдается непосредственная связь между длительностью этих богослужений и количеством молящихся за ними. Общий вывод совершенно очевиден: чем дольше всенощная, тем меньше народа на ней остается до конца или хотя бы до половины. По известному английскому выражению – молящиеся «голосуют ногами». В тех приходах, где всенощная длится долее трех часов, храм в большинстве случаев пустует. С другой стороны, там, где служба продолжается 2–2½ часа, число молящихся значительно выше.

Итак, с одной стороны мы видим требования церковной совести принципиального порядка, с другой стороны возникают практические соображения пастырского свойства о том, как бы удержать и не потерять молящихся за богослужением. Разрешение этого пастырского ребуса является очередной задачей нашего священноначалия. Следует отметить, что названное священноначалие не очень склонно заниматься этим вопросом, во всяком случае в настоящее время. В прошлом, на архиерейском соборе Зарубежной Церкви 1950 года эта тема была поставлена на обсуждение, но ни тогда, ни в последующие годы, ясного решения так и не последовало.

О соборном суждении в 1950 году следует сказать особо. Оно достаточно подробно освещено в отдельной брошюре, отпечатанной в Свято-Троицком монастыре в 1951 году, которую следовало бы переиздать, т. к. прекрасные и глубокие мысли, в ней высказанные, актуальны и в наше время. Соборная дискуссия свелась к двум основным точкам зрения.

1. Епископ Монтреальский, Григорий (Боришкевич †1956) указывал на то, что тема сокращения богослужения была поставлена еще на Московском Соборе 1917–18 гг. Собор, признавая необходимость строгого соблюдения устава в монастырях и кафедральных соборах, в то же время допускал возможность сокращения устава в приходских храмах, т. к. в этом случае строгость требований может привести к отрицательным результатам. Поэтому епископ Григорий пришел к выводу о «желательности признания двух "нормальных" уставов: монастырского для монастырей и кафедральных соборов, и приходского для остальных храмов зарубежья, которые не могут не учитывать действительного

состояния светского общества, не способного уделить большого времени и внимания храму»[5].

2. Последовал оживленный обмен мнениями, который свелся к тому, что а. любые допускаемые сокращения должны быть осмысленными, и б. «любое санкционирование Собором облегченного богослужения как номального будет не целесообразным т.к. при отсутствии должной ревности, такое послабление может повести только к дальнейшему понижению уставности богослужения».

Митрополит Анастасий (член Московского Собора 1917–18 гг.), подводя итог высказанным мнениям, отметил, что Московский Собор сознательно отказался от мысли о создании сокращенной уставной нормы, опасаясь оказать поощрение нерадивости и дальнейшим злоупотреблениям. Приводим Резолюцию Архиерейского Собора по данному вопросу:

Резолюция Богослужебной Комиссии Архиерейского Собора РПЦЗ 1950 года

«Принимая во внимание, что церковные чины и богослужения суть дыхание церковной жизни и преподаны Церкви духоносными отцами для освящения, укрепления и назидания чад Церкви и что нарушение их неизбежно влечет упадок духовной жизни, Собор призывает духовенство, клирошан и богомольцев ревновать о вящем соблюдении церковного устава, исполняя богослужение по возможности полно, благоговейно и благочинно, где же приходится в силу необходимости делать сокращения, совершать то с большой осмотрительностью, отнюдь не нарушая существенного или общего порядка в службе, о чем иметь на месте особое наблюдение епископам».[6]

Председатель комиссии - Архиепископ Шанхайский Иоанн

---

[5] КАК СОБЛЮДАТЬ ЦЕРКОВНЫЙ УСТАВ? Вопрос об единообразии церковного богослужения на Архиерейском Соборе Русской Православной Церкви Заграницей. Джорданвилль, 1951
[6] Там же.с.1

Итак, мы видим, что эти вопросы до сих пор не исчерпаны и нашим клирошанам приходится так или иначе их решать. Из имеющегося опыта мы в качестве частичного решения этого вопроса можем предложить схему совершения всенощного бдения в Покровском храме в г. Наяке (шт. Нью-Йорк), где долгое время настоятельствовал известный протоиерей Серафим Слободской (†1971) и где это богослужение продолжаясь 2½ часа, не теряя при этом своей уставности. Все совершалось истово и неспешно.

Типичная **воскресная или праздничная всенощная** совершалась по следующему порядку:

1. **Все неизменяющиеся молитвословия** (включая шестопсалмие) исполнялись сполна.

2. Сокращения допускались при следующих богослужебных моментах:

а) **Кафизмы** сокращались по схеме, благословленной святителем Иоанном Шанхайским, согласно которой все 23 псалма первых трех кафизм вычитываются в течение восьминедельного цикла Октоиха. (Читались только на утренях.) Каждый псалом был вместо одной «славы».

Схема сокращения воскресных кафизм, благословленная

Св. Иоанном

Воскресный глас	Псалмы
1	1, 5, 9
2	2, 6, 10
3	3, 7, 11
4	4, 8, 12
5	13, 17(1–30), 17(31–46)
6	14, 18, 21
7	15, 19, 22
8	16, 20, 23

б) **50-й псалом** на полиелее опускался, кроме тех случаев, когда он нарочито указан на данной всенощной. (напр. под Вход Господень во Иерусалим и под Троицу.)

в) **Первый час** начинался с третьего псалма - "Милость и суд".

г) **Пение ирмосов катавасии** было только по 3-й, 6-й, 8-й и 9-й песнях канона. На всенощных под великие праздники праздничная катавасия пелась полностью.

д) **Стихиры** исполнялись полностью, за исключением тех случаев, когда были указаны повторения.

3. Исполнение стихир происходило по следующему порядку: первая стихира и последняя на "и ныне" всегда пелись хором. Остальные стихиры внятно читались чтецами, без торопливости, чтобы каждое слово четко доходило до слуха и сознания молящихся. Во избежание монотонности второй чтец читал между стихирами положенный стих. Это касалось стихир на «Господи Воззвах», Литии, Стиховне, и на «Хвалитех».

4. На каноне все тропари вычитывались полностью, опять-таки за исключением случаев с повторениями. Однообразие чтения опять разбивалось чтением двух чтецов: один читал тропарь канона, а второй читал в промежутках положенный припев.

На **Божественной Литургии** сокращений вообще не бывало за исключением обычных сокращений 102-го псалма, прочно закрепленных в сознании молящихся богослужебной практикой еще с дореволюционной поры, о чем свидетельствуют некоторые нотные издания того времени. Чтения «на блаженнах» были обязательны. 33-й псалом опускался.

При вышеприведенном раскладе никто не сетовал на непомерную длительность богослужений. Всенощная укладывалось в приемлемые временные рамки, без особого нарушения правил богослужебного приличия. При этом гости из других приходов нередко комментировали об уставности и даже "монастырскости" Наякских служб.

Также следует сказать о важности исполнения «Блаженных» за Божественной Литургией. Весьма нелогично и прискорбно, что в праздничные дни, ради которых и служится Литургия, единственное упоминание о самом празднике бывает только в тропаре и кондаке, и еще может быть в евангельском чтении, если праздник Господский. В дальнейшем ходе литургии исполняется много прекрасных неизменяемых песнопений, не имеющих ни малейшего отношения к празднуемому событию. Тропари из канона праздника, которые предписаны типиконом на блаженнах (могут читаться, а еще лучше - петься), достойно заполняют этот пробел и обращают внимание молящихся на содержание празднуемого дня.

Что касается чтения 50-го псалма на полиелее, то начальные его слова все равно непременно поются, и в них сосредоточена главная мысль всего псалма. Что касается последующих стихов псалма, то несмотря на их глубокое содержание, они (особенно при обычном монотонном чтении) проскальзывают мимо внимания молящихся и в нем не задерживаются. Поэтому, видимо, во многих наших храмах он опускается. В современной практике Троице-Сергиевой Лавры он также не читается. В Свято-Троицком монастыре за последние годы установился добрый обычай во время Постной Триоди этот псалом полностью петь антифонно на два клироса в изложении покойного архимандрита Матфея. Этот обычай весьма полезный и достоин подражания не только в монастырях, но и на приходах в Великопостный период. В сочетании с «На Реках Вавилонских» и «Покаяния Отверзи ми двери», пропетый 50-й псалом имеет большое духовно-воспитательное значение для прихожан, которые в этом случае вряд ли будут сетовать на продолжительность службы.

В заключение следует еще раз повторить, что вопрос сокращения богослужений по своему характеру является пастырским вопросом. Известная фраза из Типикона «аще изволит настоятель», к сожалению, иногда служит основанием для широкого произвола со стороны священников, не всегда отличающихся усердием к службе, а также и грамотностью.

В тех приходах, где пастыри добросовестно относятся к богослужебному воспитанию прихожан, разрешение этих вопросов не должно вызывать лишних пересудов и толков. Все может стать на свои места, если пастыри и паства будут помнить завет Святого Апостола Павла Коринфянам: «Вся же благообразно и по чину да бывают»[7] (и даже сокращения).

---

[7] 1Кор. 14:40

§ 12
Элемент времени в богослужении

Священник Павел Флоренский воспринимал богослужение не просто как искусство, но как синтез всех искусств. И действительно, в храмовом богослужении мы видим сочетание как изобразительного, так и исполнительского искусства. Изобразительное – фрески, иконы, архитектура и исполнительское – хореография (движения духовенства), поэзия, композиция, вокализм (как хоровой, так и индивидуальный). Даже кадильный дым, отец Павел воспринимал как составную часть этого комплекса впечатлений. Изобразительное искусство воспринимается в пространстве, и оно статично, в конце концов неудачно написанную икону возможно переправить, тогда как исполнительское относится к измерению во времени, что тем более накладывает на исполнителей ответственность за безукоризненное исполнение своей задачи, т.к. если испортишь что-либо там, то невыгодное впечатление остается. Тем более это накладывает ответственность на поющих памятуя Библейское предупреждение: «Проклят (человек) творяй дело Господне с небрежением» (Иер.48:10). Предупреждение по меньшей мере отрезвляющее.

Все вышесказанное относится к общим наблюдениям по данному вопросу. Как же это относится к работе церковного регента? Самым прямым образом. Одним из основных условий для благолепного совершения богослужения является его плавное течение. Для этого, руководителю церковного пения необходимо иметь чувство меры или церковно-богослужебный инстинкт, который будет ему подсказывать правильные решения в вопросах динамики и темпов при исполнении песнопений на клиросе.

Следует избегать как суетливой торопливости в пении, так и излишней протяжности, ради его, якобы, молитвенности. Ни в коем случае не следует допускать пауз в пении, даже самых коротких. Удручающе действует на молящихся, когда регент бесконечно задает тон, и хор неуверенно вступает, иногда по нескольку раз, пока наконец пение не зазвучит как следует. Надо чувствовать богослужебный момент и соразмерять быстроту пения с действиями духовенства в алтаре и вообще в храме. Здесь мы приведем самые типичные случаи таких "нестыковок," встречающихся в нашей богослужебной практике.

1. Во время каждений на всенощном бдении вовремя: а. Господи воззвах, б. Полиелея, в. Честнейшую, регент должен постоянно следить за тем, где находится кадящий клирик. Закончил ли он обход храма? Если нет, то какое расстояние ему еще предстоит пройти и сколько времени для этого потребуется? При этом нужно рассчитать и то, сколько времени еще займет исполняемое песнопение, для того чтобы окончание и каждения и песнопения совпало по времени.

2. На торжественных праздничных вечернях, совершаемых архиерейским чином (напр. в День Св. Троицы, Великие Четверток и Субботу, прощеное воскресенье и прочих подобных случаях) во время малого входа, когда архиерей находится посреди храма на кафедре, а духовенство должно выйти из алтаря на середину храма, поется стихира «на и ныне». Нередко бывает, что расстояние из алтаря до середины храма значительное, а стихира "на и ныне", короткая. И певчие эту стихиру исполняют весьма борзо. Стихира спета, архиерей стоит в одиночестве, а духовенство в звенящей тишине с виноватым видом появляется из алтаря. Бывает это от того, что регент вообще вопросом координации времени и действий духовенства не озабочен.

3. Встреча архиерея также требует большого внимания к вопросу времени. Здесь надо учитывать быстроту походки архиерея, его личные привычки при прикладывании к иконам, а также темп чтения входных молитв протодиаконом. Бывает так, что хор пропел «Достойно Есть» полностью, а архиерей еще не успел приложиться ко всем иконам. В зависимости от остающегося фрагмента времени, следует либо повторить «Честнейшую», либо, если видно, что прикладывание приближается к концу, вступить в последнюю фразу «Сущую Богородицу Тя величаем».

4. При исполнении Херувимской песни обычно принято первые три стиха исполнять протяжно, и это вполне соответствует богослужебному моменту, т. к. в это время происходит ряд важных действий в алтаре: молитвы у престола, каждение, поминовения у

жертвенника. Все это занимает немало времени, и иногда приходится повторять отдельные фразы Херувимской по несколько раз, чтобы избежать молчания хора. (При служениях Святителя Иоанна Шанхайского, к примеру, Херувимскую приходилось повторять полностью, до трех раз.) Однако, после великого входа, положенное «Яко да царя» почему-то принято исполнять в чересчур быстром темпе, чуть ли не *allegro vivace*. Это у нас почти вошло в какую-то нелепую традицию, причем ничем не оправданную. Да, торжественно, да, громко, но зачем такой беспощадный темп? А в это время в алтаре ставятся на престол священные сосуды, приготовляемые для Бескровной Жертвы. При этом у престола производится ряд священнодействий, которые по своей важности не терпят торопливости. Быстрое «Яко да царя» в данном случае нагнетает неуместную суетливость, и усердствующим регентам следует это учитывать и по возможности избегать.

5. **Примечание о темпе пения в богослужебной практике Русской Православной Церкви**

Во время Божественной Литургии особенно во время евхаристического канона не следует торопиться с хоровыми ответами священнику. Нужно помнить, что во время этого пения священник читает тайные молитвы, и должен максимально сосредоточиться, чему отнюдь не способствует торопливое чтение названных молитв. Не все священники читают с одинаковой скоростью; кто медленнее, кто быстрее. И не все композиции «Милость Мира» звучат с одинаковой продолжительностью. Вышесказанное особенно относится к литургиям Св. Василия Великого, евхаристические молитвы которых на несколько порядков длиннее, чем за литургиями Св. Иоанна Златоуста. Следует учитывать и то, что литургия Св. Василия Великого служится всего 10 раз в году и поэтому ее молитвы не только продолжительнее, но и непривычнее для служащего священника, чем молитвы на литургиях Златоуста. Поэтому, прочитать их торопясь, «лишь бы поспеть за хором», совершенно недопустимо. Сколько раз бывало в нашей практике, что за литургией Св. Василия священник еще читает молитвы, а хор уже закончил пение. В храме водворяется тяжкое молчание, продолжающееся до целой минуты, а то и долее. Эта пауза в таких случаях ощущается как целая вечность. С клироса раздается нетерпеливое покашливание регента, в переводе означающее – «что это ты там батюшка так долго задерживаешься»? И при этом священник должен сосредоточено молиться и вникать в сущность величия совершаемого таинства.

6. И еще один богослужебный момент, на который следует обратить внимание регента. После причащения народа Святые Дары заносятся в алтарь и ставятся на престоле. Затем частицы просфор, находящиеся на дискосе, погружаются в Св. Чашу. Это действие опять-таки не должно совершать торопливо, дабы не просыпать частицы на антиминс, и случайно не опрокинуть чашу. При этом протяжно поется «аллилуйя», а затем «Видехом свет истины.» Эти песнопения также не следует петь быстро.

Во всех упомянутых случаях правильное решение вопроса должен подсказывать здравый смысл. Мы здесь указали лишь самые широко распространенные примеры того, что на наш взгляд требует исправления в существующей клиросной практике. Вероятно, можно привести и еще немало подобных наблюдений.

§ 13
О взаимоотношениях регента с настоятелем

От названных взаимоотношений во многом зависит качество пения в любом храме. Учитывая, что основная цель храмового пения, это способствовать молитве собравшихся, иначе и быть не может. Хорошо там, где настоятель по своим духовным, культурным и интеллектуальным качествам соответствует своей должности. И там, где регент по своей церковной и музыкальной подготовке – своей. Однако жизнь показывает, что это бывает далеко не всегда. И это может вызвать целый ряд, мягко выражаясь «шероховатостей».

Поэтому для некоторых, эту тему можно обозначить «что такое настоятель и как с ним бороться». Тема деликатная, но для многих актуальная, поэтому мы здесь ее коснемся.

Ведь надо учитывать, что в наших эмигрантских стесненных условиях, нередко священники получают свою должность столь же случайно, как и регенты (когда никого другого нет – а на лицо имеется благочестивый прихожанин). Чаще всего, когда подыскивают кандидата на священническое место, смотрят на его личные моральные качества, и нет ли у него канонических препятствий для рукоположения. Это ставится во главу угла. Вопросы духовного воспитания и образования при этом отступают на задний план. И рукополагают кандидата с верой, что Божественная Благодать «немощная врачующая и оскудевающая восполняющая» сгладит все «неровные углы» в служении этого батюшки. И эта вера в силу Божией благодати сплошь и рядом бывает не посрамлена. Много достойных пастырей пришли к своему служению именно этим путем. А уж заполучить достойного кандидата, да еще с богословским образованием в наше время просто роскошь. В любом случае священники у нас на грядках не растут, как подготовленные, так и неучи. Да и многие ли в наше время согласятся встать на этот жизненный путь, столь тернистый и непростой чисто в бытовом плане?

Однако, мы несколько отвлеклись от темы. Неся ответственность перед Богом за все стороны приходской жизни, невзирая на квалификации, священник отвечает в том числе и за пение. А вернее за недопущение на клирос песнопений, идущих в разрез с духом богослужения и мешающих молиться. Здесь налицо еще такой нюанс. Некоторые важнейшие песнопения «литургии верных», такие как Херувимская, Милость Мира, Достойно, вызывают у священника известный внутренний настрой, свой индивидуальный, как у любого человека. Обычно с песнопениями обиходно-монастырского происхождения затруднений нет, хотя и некоторым композиторам порой удается попасть в «богослужебный тон», не идущий в разрез с духом богослужебного момента. Сложнее бывает, когда поют какую-либо свободную композицию, идущую в разрез с молитвенным настроем служащего иерея, что отвлекает его от своего прямого дела. И в этих вопросах его голос должен быть решающим, несмотря на регентские усилия исполнить какое-либо свое любимое песнопение, и таким образом обеспечить «сладость церковную». И тогда обиженному регенту ничего не остается, как сетовать на некультурность и музыкальную безграмотность батюшки. А здесь дело не в музыкальной, но в духовной сфере. Иной раз, отношения обостряются до такой степени, что они вовсе друг с другом не общаются. Мы приведем пример нам известный с натуры, когда регент-псаломщик, приходя в храм, не шел в алтарь поздороваться с настоятелем и взять благословение, а отправлялся на клирос, и в назначенное время демонстративно прочищал горло, что в переводе означало «я здесь, отец, давай возглас на часы».

Дабы избежать подобные уродливые ситуации регенту и настоятелю следует выработать взаимное понимание, где регент должен руководствоваться определенными критериями, выставленными священником, а священнику в свою очередь следует тактично относиться к музыкальным потугам регента и не слишком ему «наступать не мозоли».

*

До сих пор мы касались вопросов общего порядка, теперь пора нам обратить внимание на чисто техническую сторону дела, без понятий о которой работа наша будет во многих отношениях ущербна. Многие из этих аспектов нашей работы соприкасаются с предметом хороведения, но тем не менее есть такие насущные темы, (как напр. вокал), которые в область хороведения не входят. Этих вопросов коснемся во второй части нашего конспекта.

ЧАСТЬ II:

ПРАКТИЧЕСКАЯ

§ 14
Некоторые сведения о голосовом аппарате

О человеческом голосе вообще

Человеческий голос–музыкальный инструмент. И хотя мы обычно таковым его не воспринимаем, тем не менее это так. Скажем больше. Из всех музыкальных инструментов он самый совершенный, т.к. какая-то там скрипка или труба – дело рук человеческих, а голос у нас, это инструмент нерукотворный – творение Самого Бога. Голосом возможно передать тончайшие интонационные нюансы, недоступные любому инструменту. Примером этому служит безлинейная «крюковая» нотация, по природе вокальная, сохранившаяся в Старом обряде, в отличие от пятилинейной, по природе инструментальной, употребляемой в храмах повсеместно, а также в светской музыке. Инструмент этот создан по принципу всех существующих музыкальных инструментов. Во всех них налицо три компонента:

1. Вибрирующая масса, приводящая воздух в движение. В человеческом голосе: **голосовые связки**. Певец не имеет над ними непосредственного контроля и во время пения о них не должен думать.

2. Двигатель, приводящий голосовые связки в движение: **дыхательный аппарат, диафрагма, брюшной пресс, межреберная мускулатура**. Важнейший компонент в пении, настолько, что существует пословица, «научиться петь, это научиться дышать». Существует вокально/инстру-ментальное

сравнение: «певец играет воздухом (дыханием) по голосовым связкам, как скрипач смычком по струнам». Сравнение вполне точное, и если регент сам не вокалист, и не может научить свой хор певческому дыханию, то стоит пригласить вокального педагога со стороны и провести серию групповых уроков с хором (см. Приложение 10). Хотя дыхание занимает центральное место в пении, к вопросу культуры звука оно имеет только косвенное отношение. Поэтому перейдем к теме формирования певческого звука, которое происходит в ротовой полости.

3. Резонирующая полость (*resonating chamber*), несущая функцию усилителя (*amplifier*). **В человеческом голосе – полости рта и гортани**. Также, частично задействованы синусы и грудь. Всё пение, по сути, происходит на гласных звуках. Каждый гласный звук имеет свою определенную форму, которая образуется в зависимости от положения рта, в основном языка и губ.

Дать подробное изложение всех певческих физиологических процессов, в пределах настоящего конспекта не представляется возможным. Да это и не важно, т. к. только читая о пении без практических занятий, пению не научишься. Так же, как не научишься водить автомобиль лишь читая письменную инструкцию для водителя. И тем не менее, подобные инструкции необходимы. Мы здесь коснемся только одной грани этого процесса, которая напрямую связана с вокальной «красивостью», и, следовательно с благолепием.

Здесь, для наглядности уместно сравнить голос с духовым инструментом, например с медным рожком (*trumpet*). Инструмент этот является медной трубой длинной в 12 футов, для удобства игры, загнутой в форму своеобразного кренделя, снабженного тремя клапанами, которые во время игры нажимаются и отпускаются. Это изменяет внутреннюю конфигурацию (т. е. длину) трубы, и в зависимости от этого изменения также меняется высота издаваемого звука. Труба сама по себе остается неподвижна, а меняется в ней только форма внутренней пустоты, через которую подается воздух.

При формировании гласных звуков с певческим аппаратом происходит нечто подобное. Все пять гласных звуков (А, О, У, И, Э) имеют определенную форму своей внутренней пустоты, зависимой от положения челюсти, губ и языка. Через эту пустоту посылается воздух из легких, приводящий в движение голосовые связки. Изменение формы этой пустоты также, как и в трубе, меняет звук – но не высоту, а звучащую гласную.

§ 15
О разговорной и певческой позиции голосового аппарата

Певческая позиция при подаче звука заключается в максимально естественно опущенной гортани, при поднятом в положении зевка мягком нёбе. Эта позиция у англоязычных музыкальных критиков носит название «грушевидной» (*Pear shaped tone*). Это определение можно понять, если представить себе, что у нас во рту находится груша, верхушка которой с черенком высовывается из нашего рта. Широкий её низ одним боком толкает нашу гортань вниз, а другим боком давит наше мягкое нёбо наверх. К счастью, эта образность, оставаясь в воображении критиков, не воплощается в реальность. Тем не менее, она дает довольно точное описание певческой позиции, т. к. в этом положении максимально усиливается наш естественный голосовой резонанс. Следующий раз, когда Ваш собеседник (положим, не зело воспитанный) при разговоре с Вами начнет широко зевать, и при этом не прерываясь продолжать свою речь, обратите внимание на то, как это отразится на звучании его голоса. Он во время зевка естественно зазвучит раза в полтора – два громче, благодаря увеличению резонирующего пространства в его ротовой полости (*resonance chamber*). Часто можно узнать певца по звучанию его разговора т. к. и в разговоре их «инструмент» настроен на пение. Подобным образом говорят и многие лекторы, педагоги, проповедники, которым приходится много говорить по роду их занятий. Нередко они обращаются за помощью к фониатрам (*speech therapists*). Иначе они могут остаться без голоса. В разговорной позиции при вокализации мягкое нёбо не поднято и гортань не опущена. Это лишает звук максимально возможного резонанса и понижает его коэффициент вокального полезного действия. Кроме того, при пении, это отрицательно отражается и на тембре, значительно обедняя его звуковую палитру, и производит так называемый белый звук (с французского *voix blanche*) Так характеризуется открытый, плоский, неприятный, певческий (вернее анти-певческий) звук у хористов, которые «поют» в разговорной позиции.

§ 16
Тембр

Под понятием тембр, имеется в виду индивидуальная окраска (*tone color*) певческого звука, которая у каждого человека уникальна и неповторима. Есть тембры похожие один на другой, но двух идентичных тембров не существует, точно также, как не существует одинаковых отпечатков пальцев. Каждый голос, подвергнутый анализу через особую аппаратуру, выдаст свой индивидуальный звуковой «отпечаток», по которому можно определить поющего или говорящего. А.И. Солженицын в своем «Круге Первом», выстроил основной сюжет произведения вокруг этой оси.

Тембр – характерное звучание голоса, по которому можно узнать человека даже не видя его, и как цвет волос или глаз каждому дается природой. Тембр может быть красивым или некрасивым, приятным или противным, раздражающим или успокаивающим, ярким или матовым. Работа вокальных педагогов помимо цели постановки голоса, нередко сводится к «наведению косметики» на некрасивые тембры. Приведем пример. Известно из воспоминаний современников что известный русский композитор Михаил Иванович Глинка от природы был обладателем «паршивенького тенорка». Но при этом очень любил петь. И упорным трудом с педагогами добился того, что стал прекрасным исполнителем романсов, послушать которые с удовольствием собирались его друзья.

§ 17
Несколько советов по работе на хоровых репетициях

Для того, чтобы церковное пение было благолепным, совсем не обязательно иметь мощные яркие голоса в составе хора. Опыт показывает, что нередко бывает наоборот, т. к. таким голосам свойственно выделяться из общей хоровой фактуры. Главное, к чему следует стремиться, это к слитному звучанию, к тому, что в музыкальной среде называется «ансамблем», в котором при наличии многих певцов, не слышно отдельных выделяющихся голосов. Не следует забывать, что человеческий голос является музыкальным инструментом при чем самым совершенным, т. к. создан не человеком, а Богом. Тем более можно сказать, что и хор, состоящий из этих голосов, в еще большей мере является музыкальным инструментом, на котором должен «уметь играть» опытный регент. Основная работа над хоровым звучанием должна проходить на репетициях хора, которыми нельзя пренебрегать. На таких репетициях не менее важной составляющей чем разучивание новых произведений, является работа над «настройкой хорового инструмента» т. е. хоровым вокалом.

О хоровых репетициях (спевках) - общие положения:

1. Репетиции должны проводиться по возможности регулярно и в певцах должно воспитывать сознание важности их трудов и чувство ответственности перед Богом и приходом за качество своей работы.

2. Важно учитывать место и время репетиций. Там, где певцы по большей части живут в легкой досягаемости храма, спевки могут назначаться в любое удобное для всех время. В тех случаях, когда многие хористы живут на значительном расстоянии от храма, спевки удобнее проводить в близкое к службам время, напр. после воскресной литургии, либо в храме, либо в церковном зале.

3. Репетиции не следует затягивать. Оптимальная длительность спевки 30–40 минут, и во всяком случае не более часа.

(Особенно, когда хор (любительский) только что пропел литургию и уже устал).

4. Регент должен учитывать состояние хора, время суток, и кто из певчих пришел.

5. На спевках следует сосредоточиться на проблематичных местах в произведениях. Регент должен сам знать все партии, чтобы суметь голосом показать, как поется то или иное место. Также он должен досконально знать и чувствовать все произведение, и обучать ему певчих. Он не должен сам учиться на хоре, и мучить его бесконечными повторениями.

6. Каждая спевка должна быть заранее продумана регентом, чтобы не было пустой траты времени. Следует также, продумывать не только ближайшие спевки, но иметь и более долгосрочный план работы учитывая, как текущие праздничные песнопения, так и расширение богослужебного репертуара вообще, полезного для музыкального развития хора.

О методах работы с хором:

1. Репетицию следует начинать с упражнений, развивающих певческое дыхание, как основу всякой вокализации.

2. За этим должно следовать пение вокализ направленных к укреплению голоса и расширению диапазона.

3. Также важны упражнения, развивающие музыкальный слух и способность слышать окружающих певцов, а также и себя в ансамбле.

4. С певцами любителями, слабо читающими ноты с листа, коих у нас большинство, при разучивании незнакомого произведения, для более скорого его усвоения рекомендуется разделить его основные элементы, **текст, ритм и мелодию**. Эти элементы вначале усваивать по отдельности, а затем соединить. Так, например:

a. В начале всем хором просто прочитать **текст**, затем

б. прочитать **текст в данном ритме**, в зависимости от сложности повторяя его сколько нужно, пока он не будет усвоен. Затем:

в. Соединить ритм с мелодией и пропеть вещь без слов, либо на гласном звуке, либо на отдельном слоге (ла, ла, ла, или ду, ду, ду) Стоит, объединив **мелодию и ритм без текста** репетировать таким образом, пока хор не усвоит это досконально.

г. И только тогда **соединить все три элемента.** Такой метод работы может показаться скучным и нудным, но опыт показывает, что таким образом можно сэкономить много времени, которого в наших условиях работы бывает очень мало.

5. Критически важна работа над хоровой дикцией. Как говорил один известный хоровой дирижер «Артикуляция, артикуляция и еще раз артикуляция!» Церковный хор обязан донести до слуха молящихся богослужебный текст в лучшем виде. Почти не открывая рта и еле ворочая языком этого не сделать. Нет ничего печальнее, чем стоя в храме слышать невнятное звукоизвержение с клироса, на до боли знакомую мелодию тропаря 4-го гласа, и при этом не иметь понятия, о чем хор поет. Такое, к сожалению, нередко наблюдается. Покойный архимандрит Матфей (Мормыль) отмечал, что одно из различий человека от животного, это его способность издавать согласные звуки. А гласные звуки издают и кошки. Согласные звуки имеют то свойство, что если поющие их будут произносить точно одновременно, они будут слышны везде в помещении, даже если их произносить шепотом. Поэтому регент всегда должен заботиться о ясной хоровой дикции.

6. Работая с произведением на репетиции, следует обратить внимание на фразировку, чтобы в каждой партии присутствовала вокальная линия, основанная на дыхании, дабы не было уродливого пения по складам, особенно часто наблюдаемого при исполнении обиходных песнопений.

И наконец, чтобы пение в храме было благолепным, т. е. очень красивым, (а ведь всем хочется, чтобы оно было именно таким), регенту и его хористам необходимо иметь понятие о «культуре вокального звука». К сожалению, это редко встречается. От этого во многом зависит общее звучание хора. Здесь предельно важно, чтобы все участники хоровой партии одинаково формировали гласные звуки и звучали по возможности однородно (см. Приложение 9). Если регент сам грамотный вокалист, то должен научить своих хористов правильному звукоизвлечению. В противном случае следует пригласить вокального педагога. Без этого хор не зазвучит в полноту своего потенциала. Исправить тембровую пестроту в хоровой партии возможно, употребив соответствующие вокальные упражнения для выравнивания звука. Для этого регент должен слышать эти неисправности. А чтобы слышать он должен научиться «слушать». Следует, к сожалению, признать, что «слушать» у нас редко кто умеет.

Что касается интонации, то надо иметь в виду что погрешности против нее бывают двоякие, либо понижение, либо повышение. Что касается понижения, то оно естественно, и является вследствие несовершенства вокальной техники, от неправильно поставленного дыхания певцов. Мы все свидетели тому, как хоры понижают на полтона или тон, а иногда и полтора, и это не сильно режет ухо, кроме как у лиц, обладающих абсолютным слухом. Мы это весьма спокойно воспринимаем, когда весь хор равномерно понижает, не создавая при этом заметной какофонии. Этот дефект излечивается работой над хоровым дыханием и вполне поправим. Что касается дефекта повышения, то его исправить значительно сложнее, т.к. здесь дефект не техники, а слуха, часто врожденный.

В любом случае регентам, следует знать некоторые основные принципы из области вокальной педагогики, чтобы они могли учить своих певчих, но, к сожалению, это бывает крайне редко. Их в этом винить не приходится, т. к. чаще всего их музыкальное образование ограничивается несколькими годами уроков игры на рояле или еще каком-либо инструменте. И то не всегда. И это всё. Их представления о вокальной науке самые ограниченные.

В хоровом ансамбле, для достижения слитности, если хотите, однородности звука, крайне важно, чтобы все голоса в данной партии формировали звук одинаково. Тогда, не будут выделяться отдельные голоса и «торчать гвоздем» из общей хоровой фактуры. Важна не только слитность между партиями, но и между голосами внутри партии. К примеру, приведем картину с натуры; в одном хоре стоят 4 баса. Казалось бы, какая роскошь. Но эта «роскошь» имеет следующие особенности: один поет тремолирующим, но достаточно назойливым резким звуком. Второй, с неплохим от природы голосом, но зато поет запрокинутым назад искусственно «затемненным» тембром, видимо, чтобы звучать в своем представлении «побассистее», причем поет не «виолончельно», а «барабанно» отбивая ноты как на ударном инструменте. Третий издает сплошные «белые» звуки, а четвертый–единственный из них, кого, можно, по совести, назвать «настоящим басом» обладая богатейшими природными данными, по молодости лет, имитирует матерого певца-баса и в результате поет не своим естественным звуком, а деланным, что сразу бросается в уши. Вот и делайте из них единую партию, которая не выделяется из хора, тогда как они не в состоянии между собой петь слитно. В некоторых любительских хорах используется следующий прием для достижения слитности звучания: в каждой партии назначается свой «вожак», самый вокально благополучный певец, ведущий за собой остальных, более слабых, которым указывается слушать старшего, и по возможности сливаться с его звучанием. Этот прием, положим, несколько спорный, и не применяемый в хорах профессиональных, но в любительских хорах, каковыми наши церковные хорики по сути являются, нередко приносит пользу.

§ 18
Записки опытного регента

Ввиду того, что все мы разные, и регенты тоже, как свежий взгляд на предмет, позволю себе привести записки одного опытного регента о методе проведения спевок.

Репетирование:

Подготовка регента:

- Освойте содержание текста.

- Для новых произведений, изучите и пометьте партитуру:
– мелодии и повторяющиеся мотивы,
– ключи и модуляции,
– темпы и изменения в них
– вступления и их указания,
– динамика,
    – фразировка/знаки дыхания,
– сложные фразы, требующие особого внимания.
– Выучите каждую партию.
– Попрактикуйтесь репетировать произведение пользуясь хорошей техникой и выразительными жестами.
– Создайте себе мысленный идеал – как вы себе представляете звучание?
- Распланируйте свою спевку.
– Приготовьте толковую эффективную спевку.
– Продумайте заранее, как Вы будете репетировать, чтобы достигнуть своего идеала?
– Посвятите нужное время для каждого произведения.
– Будьте готовы быть гибким!

Спевка:

- Начните репетицию вовремя.
- Дайте хору распеться.
- Проработайте самые сложны места, пока ваш хор «свежий».
- Будьте требовательны к интонации, чистым вступлениям и снятиям звука, чувству ансамбля.
- Повторите произведения, выученные в предыдущих спевках.
- Двигайте спевку вперед; не теряйте интереса ваших певцов.

– Не проводите слишком много времени на одной фразе или на одном произведении.
– Не останавливайте хор слишком часто. Когда повторяете фразу, объясните хору почему.
– Делайте ваши замечания покороче. Пойте побольше, говорите поменьше.
–Добавьте нотку юмора, время от времени.

- Похвалите и воодушевите Ваших певцов. Укажите на дефекты в доброй положительной манере.
- Завершите спевку в положительном ключе. Не забудьте поблагодарить певчих за их усердную тяжелую работу.
- **Репетируя новое произведение:**

– Дайте общий обзор произведения: текста, места в богослужении, общее настроение, уникальные аспекты, историю, композитора, и т.д.

– Разучите ноты. Сколько времени Вы на это потратите будет зависеть от способностей Ваших певцов.

– Дайте словесное описание мелодиям, фразировке, общему звучанию, и т.д. произведения.

– Разучите произведение фрагментарно, работая задом наперед.

– Разучите сложные ритмы хлопая в ладоши, или говоря слова в правильном ритме.

– Употребите клавиатуру чтобы проработать трудные места.

– Если нужно проработайте вокальные партии по отдельности.

– Посвятите время настраивать аккорды и передать понимание смене аккордов.

– Когда хор будет уверен в нотах, работайте над музыкальностью, динамикой, фразировкой, оттенками, балансом, чувством ансамбля.

- После первой спевки, вернитесь и изучите заново партитуру – какие моменты бы теперь изменили? Что бы Вы прибавили к Вашему исполнению?

§ 19
Трудности с любительским хором

Перед регентом любительского хора стоит нелегкая задача, с которой не сталкиваются дирижеры профессиональных хоров. Этим последним, не нужно тратить время и силы на обучение поющих азам вокальной техники. У них поют профессионалы, прошедшие особое прослушивание, и отобранные по конкурсу. В любительском хоре, регенту, даже имеющему профессиональную подготовку, приходится работать с сырым материалом. Очень усложняет работу то, что процесс пения требует определенной координации, а учить и объяснять эту координацию часто приходится в абстрактных терминах. Приходится втолковывать такие понятия как: открытый звук, прикрытый звук, опора, маска, укрупнение гласных, и прочую подобную терминологию, которая звучит только в вокальной студии.

Поэтому, чтобы не сбивать хористов с толку, не надо пускаться в длительные технические разъяснения – это пустая трата драгоценного времени, а излагать все в самых простых словах. В этом отношении своеобразным пособием регенту может послужить «Наказ Вокалисту» восходящий к певческим школам русских монастырей в XVIII веке. Это шуточное стихотворение, содержащее тем не менее, полезные серьёзные рекомендации для вокалистов, затрагивает многие грани певческого ремесла, о которых всегда следует помнить поющим. Приводим его полностью:

НАКАЗ ВОКАЛИСТУ

Чтоб красиво петь до гроба,
Купол сделайте из нёба,
Станьте полым как труба,
И начните петь со лба.

Ощутите точки две:
В животе и в голове.
Провалите на живот
И пошлите звук вперёд.

Чтобы петь и не давиться,
Не забудьте удивиться.
Вздох короткий, как испуг,
И струной тяните звук.

Если вы наверх идёте,
Нужно глубже опирать.
Всех тогда переорёте,
Хоть и нечем заорать.

Если ж вниз идёте вы,
Не теряйте «головы».
Не рычите словно зверь,
«Открывайте мягко дверь».

Что такое «звук прикрыть»,
Очень трудно объяснить.
Чтоб прикрытие найти,
Надо к «Е» прибавить «И».

«А» - где «О», а «О» - где «У»,
Но не в глотке, а во лбу.
И со лба до живота
Лишь провал и пустота.

Пойте мягко, не кричите,
Молча партии учите;
И не слушать никого,
Кроме Бога одного.

§ 20
О «Безслухом» духовенстве.

Говоря об «услаждении слуха стройностью напева», мы касаемся темы церковного благолепия и богослужебной эстетики. На этом фоне перед нами встает болезненный вопрос, как быть, как помочь, как исправить положение, когда некоторые духовные лица не обладают слухом, не только тонким, но и вообще, каким бы то ни было? Отсутствие музыкального слуха, в старое время почиталось препятствием к рукоположению в сан. Но времена изменились. В связи с этим обычно возникает одна из следующих ситуаций:

1. Батюшка/диакон вообще, то, что называется монофон; не имея никакого слуха вообще, руководствуясь физическими ощущениями служит в одну определенную удобную ему ноту, и этой ноты упорно держится. Это, кстати, не самый худший вариант, т. к. здесь высокий шанс предсказуемости и регент, зная заранее какая нота зазвучит, может подгонять тон ектеньи так, чтобы не резать слух молящихся резким диссонансом.

2. Батюшка/диакон обладает ограниченным слухом и иногда попадая в тон с хором, этот тон стабильно держит. В иных случаях ему никак не удается взять нужный тон. Такого клирика можно попробовать постепенно выдрессировать следующим способом: Регент подгоняет тон хора под взятый клириком тон и его поддерживает, таким образом не создавая разнобоя между диаконом и хором. Диакон, познав «сладость попадания в тон», инстинктивно будет к нему стремиться и постепенно «выгавкается» (по выражению известного в Нью-Йорке архимандрита Геласия †1994) т. е. начнет служить в заданный регентом тон. Но это невозможно в тех случаях, когда регент, на ектеньях судорожно держится за свои любимые «до, ля фа» либо «рэ, си, соль» и не может с ними расстаться.

Батюшка/диакон настолько безслухий, что совершенно непредсказуем. В течение одной ектеньи может поменять тон несколько раз. На малые «паки и паки» их обычно хватает. Хуже дело обстоит с более длинными ектеньями. Здесь регент бессилен, и молящимся представляется возможность развивать в себе добродетель терпения.

§ 21
О колокольном звоне

Коль скоро популярное определение слова музыка обозначает его как любые организованные звуки, наш конспект был бы не полон без речи о церковном колокольном звоне и его значении в церковной жизни, особенно в настоящее время, когда церковная жизнь все более развивается у нас в отечестве и наличествует целый ряд колокольных фирм, где можно заказать для своего храма целые комплекты колоколов. И там, где этот вопрос актуален, чаще всего им приходится заниматься именно церковному регенту. Поэтому считаем уместным чтобы не «изобретать заново велосипед», поместить здесь два авторитетных текста, первый из известного учебника по Закону Божию протоиерея Слободского, а второй из книги Н. Матвеева «Хоровое пение» (см. Приложение 12).

§ 22
ЗАКЛЮЧЕНИЕ

А теперь несколько наблюдений общего порядка. Каждый церковный регент, должен, прежде всего быть человеком церковным. Перед регентом кроме других задач стоит основная: быть православным христианином, не на словах только, но и по жизни. Быть, а не казаться. Только при таком душевном устроении регент сможет воспитать в себе церковно-богослужебный инстинкт, которым он будет руководствоваться при управлении хором в храме. Тогда вопросы темпов, динамики, фразировки, выбора репертуара будут решаться на основе его духовной качественности, которая послужит гарантом того, что ничто неуместное и чуждое духу православного богослужения не проникнет на его клирос. Тогда он почувствует и обеспечит ту «меру» богослужения (от слова «умеренность»), в которой нет ни театральности, ни эмоциональности, ни пошлости, которую иной раз допускают «работающие» в церкви даже высоко квалифицированные музыканты. Именно «работающие», но не служащие. Такое, к сожалению, тоже бывает. Церковное регентство есть прежде всего **служение**, а не работа, хотя и труда вкладывается много, причем не легкого. Поэтому, регент должен в себе воспитать не только музыканта, но и христианина. И повышение своего общекультурного уровня тоже не помешает. Положение обязывает.

Приложение 1:

The Bakhmetev Obikhod Title Page

Приложение 2:

Bakhmetev Obikhod sample page

Приложение 3:

Dogmatic Theotokia in the eight tones, Znamenny chant (square notation)

Приложение 3

Приложение 3

Приложение 3

Приложение 4:

Шпаргалка

	ТРОПАРЬ / TROPARION КОНДАК/ KONTAKION	СТИХИРА / STICHERA	ИРМОС/ IRMOS	ПРОКИМЕН/ PROKIMEN
Глас 1 / Tone 1	Во Иордане Спаси, Господи Люди Твоя	Всемирную славу	Христос рождается славите	Буди Господи милость Твоя на нас
Глас 2 / Tone 2	Егда снизшел еси к смерти Животе Бессмертный	Прейде сень законная	Во глубине постла иногда	Крепость и пение мое Господь, и бысть мне во спасение
Глас 3 / Tone 3	Дева Днесь	Царице моя преблагая (Псково-Печерская)	Воды древле	Пойте Богу нашему пойте…
Глас 4 / Tone 4	Рождество Твое Христе Боже наш	Иже Тебе ради богоотец пророк Давид	Отверзу уста моя	Яко возвеличишася дела Твоя Господи
Глас 5 / Tone 5	Благословен еси Господи (на всенощной)	В Чермнем мори	Коня и всадника в море Чермное	Ты Господи сохраниши ны и соблюдеши ны…
Глас 6 / Tone 6	Предстательство Христиан Непостыдное	Царю Небесный	Житейское море	Господь воцарися
Глас 7 / Tone 7	Преобразился еси	Мати убо позналася еси	Манием Твоим	Честна пред Господем смерть преподобных Его
Глас 8 / Tone 8	Благодарим Тя Христе Боже Наш	Царь Небесный	Колесница гонителя фараона	Се ныне благословите Господа

	ТРОПАРЬ / TROPARION КОНДАК/ KONTAKION	СТИХИРА / STICHERA	ИРМОС/ IRMOS	ПРОКИМЕН/ PROKIMEN
Глас 1 / Tone 1				
Глас 2 / Tone 2				
Глас 3 / Tone 3				
Глас 4 / Tone 4				
Глас 5 / Tone 5				
Глас 6 / Tone 6				
Глас 7 / Tone 7				
Глас 8 / Tone 8				

Приложение 5:

Спутникъ Псаломщика
Подобны

Гласъ 1-й

Небес́ныхъ чинов́ъ рад́ованіе

Самоподо́бенъ: Въ недѣлю вечера, на стиховнѣ, Богородиченъ

Не-бе́с-ныхъ чи-но́въ ра́-до-ва-ні-е, на земли́ человѣ́ковъ крѣ́пкое пред-ста́-тель-ство, пре-чи́-ста-я Дѣ́-во, спаси́ ны и́же къ Тебѣ́ при-бѣ-га́-ю-щі-я, я́-ко на Тя у-по-ва́-ні-е по Бо́зѣ, Богоро́дице, воз-ло-жи́-хомъ.

Спутникъ Псаломщика   Гласъ 2-й   Подобны
До́ме Евфра́ѳовъ
Самоподо́бенъ: Неде́ля предъ Рождество́мъ Христо́вымъ, Святы́хъ Оте́цъ, а́ще же въ 24-й де́нь декабря́, на стихо́вне

Спутникъ Псаломщика   Гласъ 2-й   Подобны
Егда́ отъ дре́ва
Самоподо́бенъ: Въ Вели́кій Пято́къ ве́чера, на стихо́вне

Спутникъ Псаломщика Подобны

Гласъ 4-й
Яко добля въ мученицѣхъ

Самоподобенъ: 23 апрѣля: Великомученика и побѣдоносца Георгія, на Господи воззвахъ.

Гласъ 4-й
Далъ еси знаменіе

Самоподобенъ: Октоихъ, въ среду и пятокъ утра, стихира Крестная, Кіево-Печерскаго роспѣва

Гласъ 4-й
Зва́нный свы́ше
Самоподо́бенъ: 29 Іу́нія: На хвали́техъ стихи́ра Первоверхо́вному апо́столу Па́влу, Кіево-Пече́рскаго роспѣ́ва

Зва́н-ный свы́ - ше, а не отъ че-ло-вѣкъ, ег-да́ зем-на́-я тма́

помрачи́ о́чи тѣ - лес - ны-я, нече́стія облича́-я сѣ - то-ва́-ніе,

тог-да́ не-бе́с-ный свѣтъ о-бли-ста́ мы́с - лен - ни - и о́ - чи,

бла-го-че́с-ті - я от-кры-ва́ - я красоту́. Тѣ́мже позна́лъ еси́

изводя́щаго свѣтъ изъ тмы, Христа́ Бо́-га на́ - ше-го, Е-го́ - же моли́

спасти́ и просвѣти́ти ду́ши на́ - ша.

Спутникъ Псаломщика

Гласъ 6-й

Всю́ отложи́вше

Подо́бны

Самоподо́бенъ: 1 ноября: Безсре́бренниковъ Космы́ и Дамiа́на, на Го́споди воззва́хъ.

Всю́ от-ло-жи́в-ше на не-бе-сѣ́хъ на-де́ж-ду, со-кро́-ви-
ще не-кра́-до-мо се-бѣ́ свя-ти́ - и со-кро́-вищ-ство-ва-ша:
ту́ - не при-я́-ша, ту́ - не да-ю́тъ не-ду́-гу-ю-щимъ вра-че-ва́ - ни́ -
я. Зла́-та и-ли́ сре-бра́ е-ва́н-гель-ски не стя-жа́ - ша, че-ло-вѣ́-
комъ же и ско-то́мъ бла-го-дѣ-я́ - ни-я пре-по-да́-ша, да всѣ́-ми
по-слу-шли́-ви бы́в-ше Христу́, со дер-зно-ве́ - ни-емъ мо́ -
лят - ся о ду-ша́хъ на́ - шихъ.

Примечание 6:

Мелодии гласов

«Одноголосный обиход гласового пения»

ОГЛАВЛЕНИЕ.

```
1. Стихиры на 8-м. гласов:-                              СТР.
     Гл. 1-ый.  сокр.Киевск.росп. _ _ _ _ _ _ _ _ _ _ _    1.
     Гл. 2-ый.           "     "  _ _ _ _ _ _ _ _ _ _ _    3.
     Гл. 3-ий.  Киевск.росп. _ _ _ _ _ _ _ _ _ _ _ _ _ _   5.
     Гл. 4-ый.           "     "  _ _ _ _ _ _ _ _ _ _ _    7.
     Гл. 5-ый.           "     "  _ _ _ _ _ _ _ _ _ _ _    9.
     Гл. 6-ый.           "     "  _ _ _ _ _ _ _ _ _ _ _   11.
     Гл. 7-ый.           "     "  _ _ _ _ _ _ _ _ _ _ _   13.
     Гл. 8-ый.           "     "  _ _ _ _ _ _ _ _ _ _ _   15.

2. Прокимны дневные на вечерни: / Знамен.росп. /       17-18.

3. Тропари на 8-м. гласов: -
     Гл. 1-ый.  сокр.греч.росп. _ _ _ _ _ _ _ _ _ _ _    19.
     Гл. 2-ый.           "     "  _ _ _ _ _ _ _ _ _ _   20.
     Гл. 3-ий.           "     "  _ _ _ _ _ _ _ _ _ _   21.
     Гл. 4-ый.           "     "  _ _ _ _ _ _ _ _ _ _   22.
     Гл. 5-ый.  Киевск.росп. _ _ _ _ _ _ _ _ _ _ _ _    23.
     Гл. 6-ый.  сокр.Болг.росп. _ _ _ _ _ _ _ _ _ _ _   25.
     Гл. 7-ый.  Болг.росп. _ _ _ _ _ _ _ _ _ _ _ _ _    26.
     Гл. 8-ый.  сокр.Киевск.росп. _ _ _ _ _ _ _ _ _ _   27.

4. Прокимны утренния на 8-ем. Гл: -/ Знаменного росп./
     Гласы  1 - 5-ый. _ _ _ _ _ _ _ _ _ _ _ _ _ _ _ _    29.
     Гласы  5 - 8-ый. _ _ _ _ _ _ _ _ _ _ _ _ _ _ _ _    30.

5. ИРМОСЫ на 8-ем гласов : -
     Гл. 1-ый.  сокр.Греч.росп. _ _ _ _ _ _ _ _ _ _ _    31.
     Гл. 2-ый.  сокр. Знамен.росп. _ _ _ _ _ _ _ _ _ _   " "
     Гл. 3-ий.  сокр. Киевск.росп. _ _ _ _ _ _ _ _ _ _   " "
     Гл. 4-ый.           "     "  _ _ _ _ _ _ _ _ _ _   32.
     Гл. 5-ый.  сокр. Знамен.росп. _ _ _ _ _ _ _ _ _ _   " "
     Гл. 6-ый.           "     "  _ _ _ _ _ _ _ _ _ _   33.
     Гл. 7-ый.  Киевск.росп. _ _ _ _ _ _ _ _ _ _ _ _    " "
     Гл. 8-ий.  Греческ.росп. _ _ _ _ _ _ _ _ _ _ _ _   " "
```

Примечание 6

- 2 -

Примечание 6

- 4 -

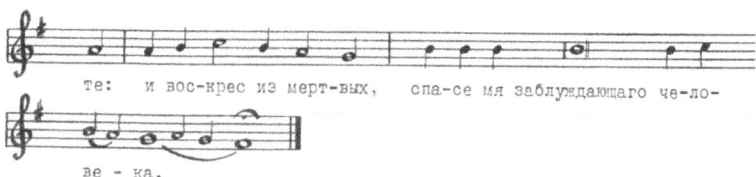

те: и вос-крес из мерт-вых, спа-се мя заблуждающаго чело-ве - ка.

"СЛАВА И НЫНЕ."

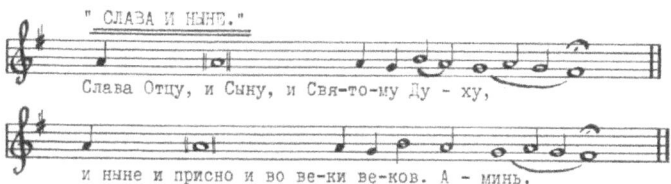

Слава Отцу, и Сыну, и Свя-то-му Ду - ху,
и ныне и присно и во ве-ки ве-ков. А - минь.

"БОГОРОДИЧЕН - ДОГМАТИК:"

Прей - де сень за-кон-на-я, бла-го-да-ти при-шед - ши: я-ко-же бо ку-пи-на не сга-ра-ше о -па-ли-е -ма, та-ко Де-ва ро-ди-ла Е-си, и Де-ва пре-бы-ла Е-си: вместо стол-па ог-нен-на-го, пра-вед-но-е воз-си-я солн - це: вместо Мо-исе - а Хри-стос, спа-се-ни-е душ на - ших.

Примечание 6

Примечание 6

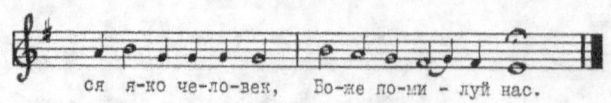

Примечание 6

- 12 -

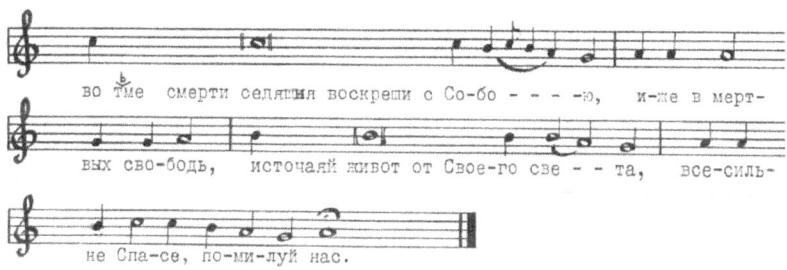

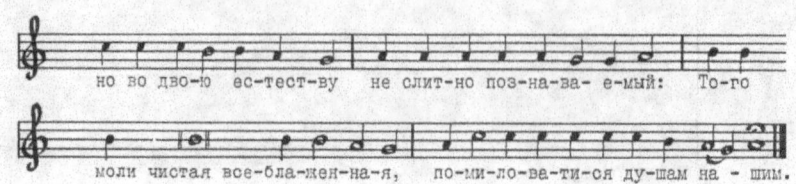

ГЛАС 7-ый.

Примечание 6

Примечание 6

Примечание 6

- 18 -

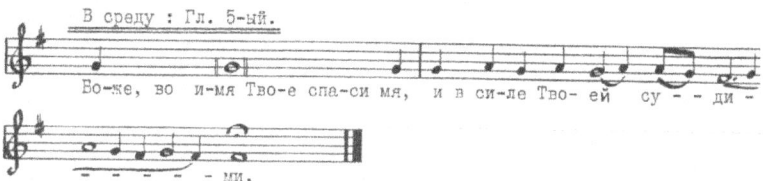

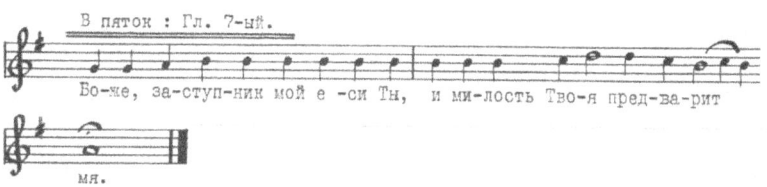

- 22 -

"БОГОРОДИЧЕН." / Слава и ныне; см. стр.19. /

ГЛАС 4-ый.

" БОГ ГОСПОДЬ." / Сокр. Греч.росп./

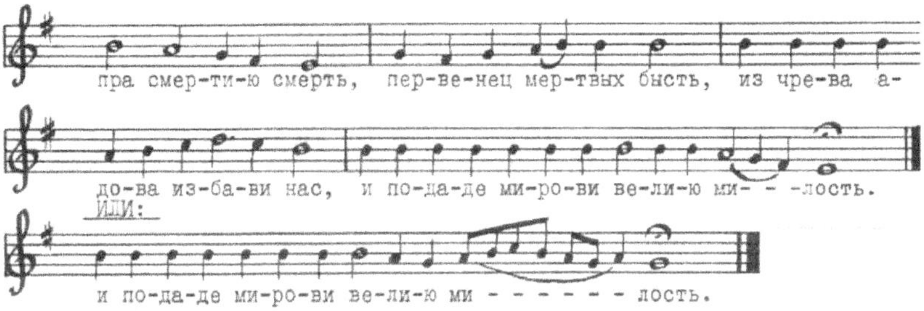

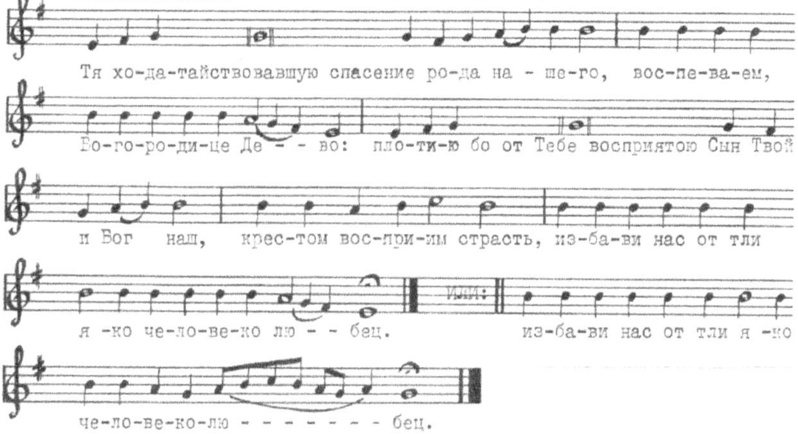

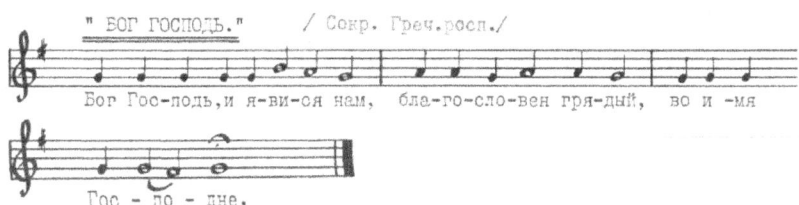

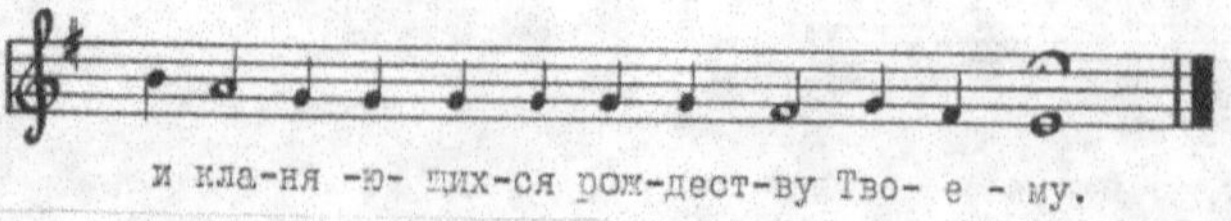

— 25 —

и кла-ня-ю-щих-ся рож-дест-ву Тво-е-му.

ГЛАС 6-й.

"БОГ ГОСПОДЬ." / Сокр. Болг. росп./

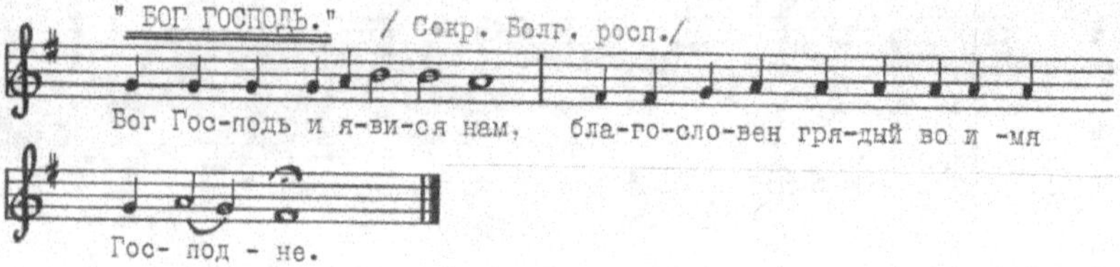

Бог Гос-подь и я-ви-ся нам, бла-го-сло-вен гря-дый во и -мя Гос- под - не.

"ТРОПАРЬ."

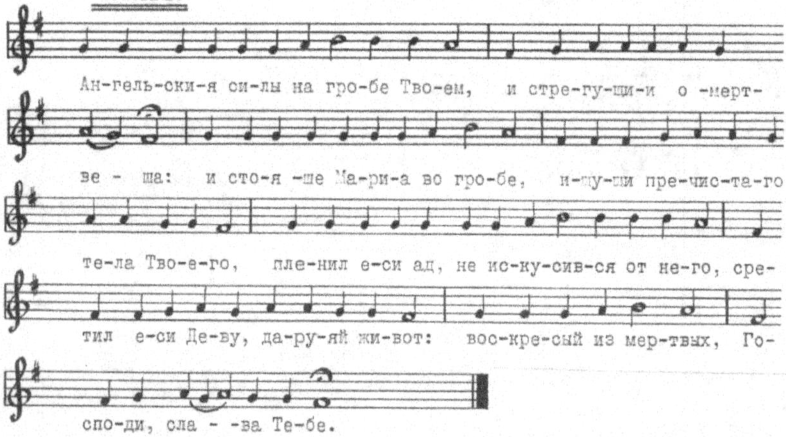

Ан-гель-ски-я си-лы на гро-бе Тво-ем, и стре-гу-щи-и о -мерт-ве - ша: и сто-я -ше Ма-ри-а во гро-бе, и-щу-щи пре-чис-та-го те-ла Тво-е-го, пле-нил е-си ад, не ис-ку-сив-ся от не-го, сре-тил е-си Де-ву, да-ру-яй жи-вот: вос-кре-сый из мер-твых, Го-спо-ди, сла - -ва Те-бе.

"БОГОРОДИЧЕН." / Слава и ныне; см.стр.19. /

Бла-го-сло-вен-ну-ю на-ре-кий Тво-ю Ма-терь, при-шел е-си на

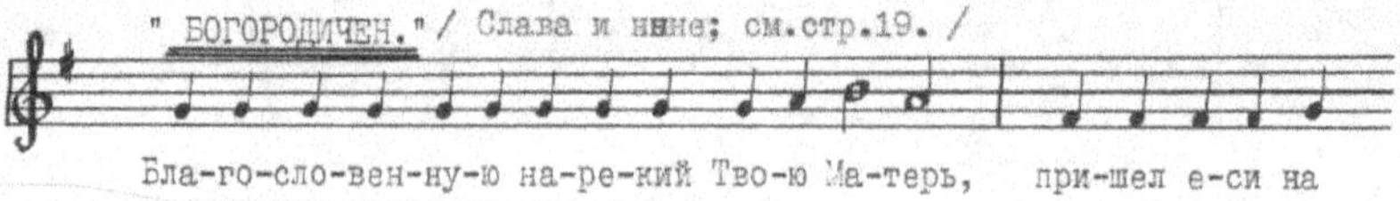

Примечание 6

- 27 -

"БОГОРОДИЧЕН." / Слава и ныне: см.стр.19./

Я-ко на-ше-го вос-кре-се-ни-я со-кро-ви-ще, на Тя на-де-ю-щи-я-ся, все-пе-та-я. от ро-ва и глу-би-ны пре-гре-ше-ний воз-ве-ди: Ты бо по-вин-ны-я гре-ху спас-ла е-си, рожд-ши спа-се-ни-е на-ше: я-же преж-де рож-дест-ва Де-ва и в рож-дест-ве Де-ва, и по рож-дест-ве па-ки пре-бы-ва-е-ши Де - - ва.

ГЛАС 8-ый.

"БОГ ГОСПОДЬ." / Сокр.Киевс.росп./

Бог Гос-подь и я-ви-ся нам, бла-го-сло-вен гря-дый во и-мя Гос-под-не.

"ТРОПАРЬ."

С вы-со-ты сни-шел е-си бла-го-ут-роб-не, по-гре-бе-ни-е при-ял е-си три-днев-но-е, да нас сво-бо-ди-ши страс-тей, жи-во-

Примечание 6

Примечание 6

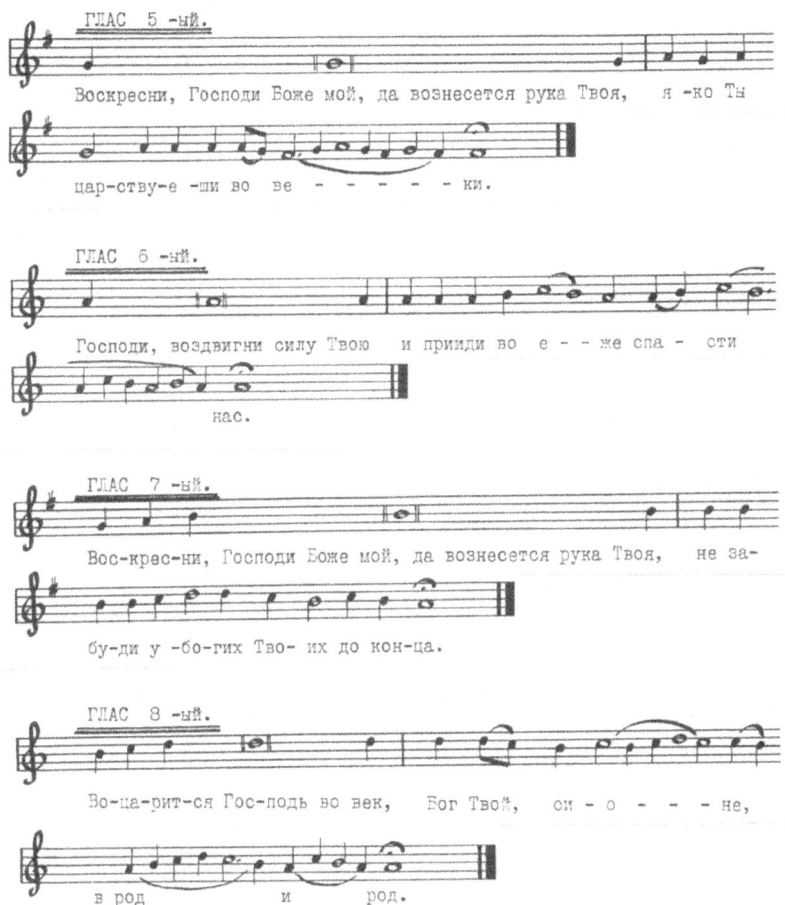

- 31 -

ИРМОСЫ НА 8-м.ГЛ.

Примечание 6

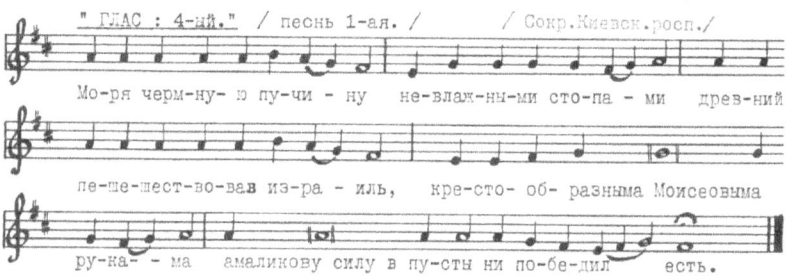

- 33 -

Примечание 6

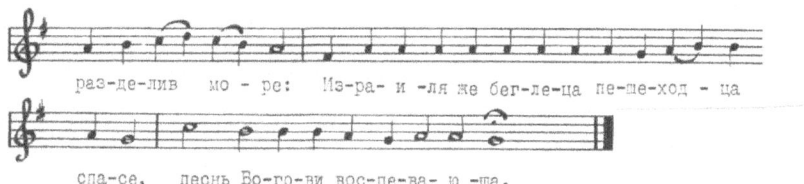

Приложение 7:

Достойно есть

Достойно есть

глас 6, подобен «Волною морскою»
напев Глинской пустыни, в изложении архим. Матфея

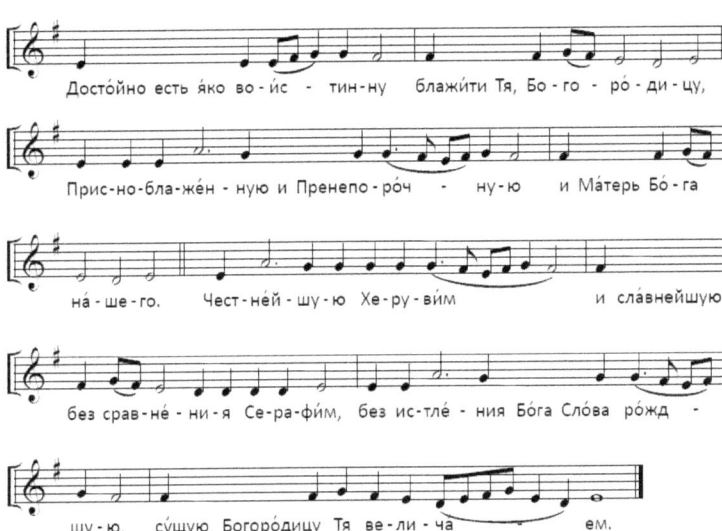

Приложение 8:

Постановления о бесчинных воплех
И другие комментарии о пенииу

Правило 75 Шестого Вселенского Собора, Трулльского иначе Пято-Шестого Собора.s

Желаем, чтобы приходящие в церковь для пения не употребляли безчинных воплей, не вынуждали из себя неестественнаго крика, и не вводили ничего несообразнаго и несвойственнаго церкви: но с великим вниманием и умилением приносили псалмопение Богу, назирающему сокровенное. Ибо священное слово поучало сынов израилевых быти благоговейными (Лев. 15:31)..

Зонара. Совершаемое в церквах псалмопение есть воззвание к Богу, когда мы просим о том, чтобы Божество было милостиво к нам в том, чем мы его оскорбили. А призывающие и молящиеся должны иметь смиренное и сокрушенное расположение духа; вопли же и крики показывают не кроткий дух, но дерзновенный и гордый. Посему правило требует, чтобы и поющие в церквах пели со вниманием и умилением, и не употребляли бесчинных воплей и не вынуждали голос к крику. Крик есть голос напряженный, издаваемый с усилием. Правило запрещает не только это, но не дозволяет вводить ничего несвойственного и несообразного церкви каково отрывистое пение, пискливость, излишняя вычурность мелодий, употребляемая в театральных песнях и в песнях зазорных, к чему ныне особенно стремятся в псалмопениях. Предписывая это, правило приводит и свидетельство Писания, когда говорит: «ибо священное слово поучало сынов Израилевых быти благоговейными» (Лев. 15, 31). И мы так же сыны Израиля по слову святого Павла: не вси бо сущии от Израиля, сии Израиль: ни зане суть семя Авраамле, вси чада, но во Исааце, рече, наречется ти семя. Сиречь, не чада плотския, сия чада Божия: но чада обетования, причитаются в семя (Рим. 9, 6. 7. 8).

Аристен. Не допускается бесчинного крика поющих, и также не допускается вводить в церковь несообразное.

С сокрушением и многим вниманием должно совершать песнопения Богу, назирающему сокровенное, и не употреблять бесчинных воплей, не вынуждать из себя неестественного крика: ибо священное слово поучало сынов Израилевых быти благоговейными. Также не петь ничего несвойственного и несообразного с церковным установлением.

Вальсамон. Церкви Божии называются домами молитв. Посему и молящиеся должны призывать Бога со слезами и смирением, а не в бесчинном и неприличном виде. Итак, отцы определили, чтобы священные песнопения были исполняемы не с бесчинными и напряженными воплями вынуждаемыми, а также не с какими-нибудь фонетическими прикрасами, не свойственными с церковным установлением и последованием, каковы, например, театральные напевы и излишняя вычурность голосов, но с великим умилением и богоугодным образом возносимы были молитвы Богу, видящему сокровенное в сердцах наших. А повелели это следуя Евангельскому изречению, в котором определяется, чтобы мы молились не по обычаю язычников, с пустословием и криком, полагая, что за наше многоглаголание будем услышаны, но приносили песнь Богу втайне, подобным же образом обращались к Богу и с прошениями нашими, чтобы Отец наш небесный видящий втайне воздал нам явно (Маф. 6, 6). Если, говорят, и Моисеев закон в книге Левит сказал: благоговейны сотворите сыны израилевы (Лев. 15, 31); тем паче мы, получившие исполнение сего закона, должны быть более благоговейными и исполнять узаконенное. Когда различным святейшим патриархом было доносимо, что не только на праздниках делается это певчими, но и на всенощных, и на поминовениях по умершим; то состоялись различные синодальные определения, подвергающие отлучению тех, кои так делали, а не исполняли на всенощной службе простых псалмопений и аллилуиариев, которые поются по церковному чиноположению. Прочти и 108 (116) правило карфагенского собора и что в нем написано. Прочти также иже во святых отца нашего Иоанна Златоустого слово на Серафимов и похвальное слово, написанное в толковании пророческого изречения: видех Господа седяща на престоле высоце и превознесенне (Исаии 6, 1); он запрещает театральные песнопения и движения, проводимые руками и выдающиеся возглашения.

Славянская кормчая. Пение умиленно пети, ничтоже прилагая. Бесчинныи вопль поющего в церкви, неприятен. Тако же и прилагаяи к церковному пению неподобная, неприятен.

Толкование. Со умилением и со вниманием многим, подобает пение приносити, тайных видцу Богу, и не кликати бесчинным воплем, и естество понуждати на вопль. Благоговейным бо и смиренным быти сыном израилевым, священное научает слово. Но ни пети ничтоже неподобного, и церковному строению несочетанного.

Канонические правила Православной Церкви с толкованиями. Шестой Вселенский Собор - Константинопольский, Трулльский - читать, скачать (azbyka.ru)

О безчинных воплех. Глава 28.

Безчинный вопль поющих в церкви, не прияти того к церковному пению. Такоже и прилагаяй к церковному пению, не приятен есть: да извергутся сана своего, и паки в церкви да не поют. Подобает бо пети благочинно, и согласно возсылати Владыце всех и Господу славу, яко едиными усты от сердец своих: преслушающии же сия вечней муце повинни суть, яко не повинуются святых отец преданию и правилом.

Источник: Типикон сиесть устав. – М.: Издательский Совет Русской Православной Церкви 2002. – 1200 с. ISBN 5–94625–037–X

ПЕНИЕ И МУЗЫКА вообще имеют гораздо более глубокий смысл и значение, чем это принято думать. Это подлинный язык природы, которым говорит все живое и человек, и животные, и птицы, и пресмыкающиеся. Ребенок выражает звуками голоса свои желания и чувства прежде, чем овладевает членораздельной речью. Последняя даже на высших ступенях своего развития, должна пользоваться музыкой голоса, известного рода интонациями, придающими художественную выпуклость словам. Сколько есть таких глубин душевной жизни, какие остаются невыразимыми для слова, и это всегда служит для нас источником терзаний. Как часто острая печаль изливается в рыданиях и воплях, а радость в восторженных восклицаниях или пении, только потому что их трудно передать словом. О разгневанном человеке мы говорим иногда, что он рычит, как лев. Кто не знает, как терзают наш слух музыкальные диссонансы, режущие нас как бы по самому сердцу. С другой стороны, возвышенная музыка способна приподнять и взволновать наш дух гораздо больше, чем самая красноречивая речь. Она не только питает наши чувства, но и возбуждает мысль. Всем известно, какая глубокая философия воплощена в музыке Вагнера. Не значит ли это, что музыка, и особенно пение, как говорит Карлейль, «есть лишенная членораздельных звуков из какой-то глубины исходящая речь, которая увлекает нас на край бесконечности и держит здесь несколько мгновений, чтобы мы заглянули в нее». В ней всегда есть какая-то мистическая сила, способная настроить нашу душу на тот или другой лад, смотря по ее содержанию. Следующие два примера, засвидетельствованные Библией, могут служить иллюстрацией этой мысли.

Когда дух от Бога бывал на Сауле, то Давид, взявши гусли, играл, и отраднее и лучше становилось Саулу и дух злой отступал от него (1Цар. 16:23). Царь Израильский Иорам, Иудейский Иосафат и царь Эдомский, предпринявшие общий поход против Моавитян, просили пророка Елисея открыть им волю Божию относительно исхода войны. Позовите мне гуслиста, – сказал пророк – и когда гуслист играл на гуслях, тогда рука Господня коснулась Елисея (4Цар. 3:15–16).

Молитва – это высшее выражение человеческого духа на земле, нередко стремится воплотить себя в стройных музыкальных звуках, которые не только служат для нее прекрасной одеждой, но и являются крыльями, возносящими ее к небесам, где никогда не смолкает ликующее пение – этот постоянный язык ангелов.

Если бы такая же гармония царила на земле, как в горнем мире, то здесь также немолчно раздавались бы хвалебные гимны Творцу миров, и самая человеческая речь напоминала бы музыку, какую мы теперь отчасти слышим в устах простого народа, у детей и чистых юношей, а равно у всех счастливых и умиротворенных душою людей.

+Митрополит Анастасий (Грибановский)

(18.08.1873–22.05.1965)

Митрополит Восточно-Американский и Нью-Йоркский, председатель Архиерейского Собора и Синода, первоиерарх Русской Православной Церкви Заграницей.

Беседы с Собственным Сердцем - митрополит Анастасий (Грибановский) - читать, скачать (azbyka.ru)

Правила поведенія поющихъ на клиросѣ

Братъ, несущій послушаніе на клиросѣ, подошедши къ оному, долженъ благоговѣйно положить поясной поклонъ предъ иконой Спасителя (правый клиросъ), поклониться братіи, стоящей на лѣвомъ и правомъ клиросахъ, и встать на свое мѣсто.

Церковь — земное небо. Стоящіе въ ней должны стоять съ благоговѣніемъ, чинно, подобно святымъ Ангеламъ, имѣть глаза, обращенными къ землѣ, в сердце, устремленное къ небу. На стѣны не облокачиваться, держать руки опущенными, не складывать ихъ вмѣстѣ, не отставлять ногъ, но стоять на обѣихъ ногахъ ровно, т. е. все «*благообразно и по чину да бываетъ*» (1 Кор. 14, 40).

Церковь — СУДИЛИЩЕ БОЖІЕ. Изъ нея можно выйти или оправданнымъ, или осужденнымъ (Лук. 18, 14). И потому должно совершать чтеніе и пѣніе со всевозможнымъ вниманіемъ и благоговѣніемъ, никакъ не позволять себѣ празднословія, тѣмъ болѣе смѣха или шутокъ. Иначе выйдемъ изъ церкви осужденными, прогнѣвивъ Царя Небеснаго неблагоговѣйнымъ предстояніемъ Ему.

Пѣть должно природнымъ естественнымъ голосомъ, безъ напряженія, благоговѣйно, единымъ сердцемъ и едиными усты, внятно, величественно, просто, внимая умомъ словамъ — тексту, соединяя напѣвъ съ движеніемъ сердца. При пѣніи слушать другъ друга, слѣдить, чтобъ голосъ не выдѣлялся. Воспроизводя текстъ и мелодію, быть внимательнымъ, собраннымъ, всеусердно желать, чтобы наша жертва хвалы была благопріятна Богу, чтобы не оказалось, что мы приносимъ Богу одинъ «*плодъ устенъ*» (Евр. 13, 15), т. е. одинъ внѣшній, пустой звукъ безъ внутренняго одухотворенія его. «Плодъ устенъ» отвергается Богомъ какъ ненужная и малоцѣнная жертва.

Клирики — пѣвцы и чтецы, въ своемъ служеніи подражаютъ Ангеламъ и символически являютъ для вѣрующихъ то состояніе, въ которомъ всѣ должны пребывать, т. е. состояніе непрестанной молитвы и славословія Богу. Необходимо, чтобы это состояніе было исполнено ревностнаго служенія. Пѣвцы и чтецы отвѣчаютъ за благоговѣйный настрой молитвы въ храмѣ, на ихъ плечи ложится отвѣтственность непосредственной организаціи всего Богослуженія. Они своимъ пѣніемъ отвѣчаютъ Богу на Его Великій призывъ къ единой жизни. Необходимо, чтобы этотъ отвѣтъ былъ полонъ ревности и усерднаго желанія наслѣдовать жизнь вѣчную, жизнь въ любви, единомысліи и благодарномъ пѣніи.

Необходимо сообразоваться с сими указаніями
10/23 февраля 2002 г.   +Митрополитъ Лавръ

УКАЗ КЛИРУ И ЦЕРКОВНЫМ ПЕВЧИМ

Надлежит всегда помнить и сознавать, что церковное пение есть молитва и, что пение молитв должно совершаться благоговейно, для возбуждения к молитве стоящих в церкви. Недопустимы напевы и песнопения лишь услаждающие слух, но по содержанию или исполнению нерасполагающие к молитве, а также несоответствующие данному богослужению, событию, отмечаемому церковью, дню и церковному уставу. Вместе с тем поведение поющих должно быть благоговейным и соответствующим высокому званию церковных певцов, соединяющих голоса свои с голосами ангелов.

Наблюдение за тем лежит на обязанности руководителей пения и на совершающем богослужение священнослужителе, указания коего должны исполняться беспрекословно.

УКАЗ О НЕДОПУСТИМОСТИ УЧАСТИЯ В РАЗВЕСЕЛЕНИЯХ В КАНУН ВОСКРЕСНЫХ И ПРАЗДНИЧНЫХ ДНЕЙ

Священные правила повествуют, чтобы кануны праздничных дней проводились христианами в молитве и благоговении, подготовляясь к участию или присутствию на Божественной литургии. Если к тому призываются все православные христиане, то тем более то касается непосредственно принимающих участие в церковной службе. Участие их в развлечениях в кануны праздников особенно греховно. Ввиду сего, бывшие в канун Воскресения или Праздника на балу или подобных развлечениях и увеселениях не могут на следующий день участвовать в хоре, прислуживать, входить в алтарь и становиться на клирос.

Ukase addressed to clergy and church singers

It is always necessary to remember and be aware that church singing is prayer, and prayers must be chanted with reverence in order to stimulate the faithful who stand in church to pray. Chants and hymns which only delight the ear but by content or manner of performance do not dispose one to prayer are unacceptable. The same applies to those chants and hymns which are incompatible with the given church service, commemoration, or church rubrics. In addition, the behavior of the singers must be reverent and compatible with the high calling of church singers, who unite their voices with the voices of the angels. It is the responsibility of the choir director and the celebrating priest to oversee this, and the priest's directives must be fulfilled without question.

Ukase concerning the inadmissibility of engaging in entertainments on the eves of feast days

The holy canons dictate that Christians should spend the eves of feast days in prayer and with reverence in preparation for participation or attendance at the Divine Liturgy. If all Orthodox Christians are called to this, then this pertains all the more to those who take an active part in the church service itself. Their participation in diversions on the eve of a feast day is especially sinful. In view of the above, those who attend a dance or similar form of entertainment and diversion may not participate in the choir the next day, may not serve in the altar, enter the altar or stand on the cliros.

+ *Архиепископъ Іоаннъ*

Archbishop John (Maximovich)

Приложение 9:

Vowel formation chart
Схема образования гласных звуков

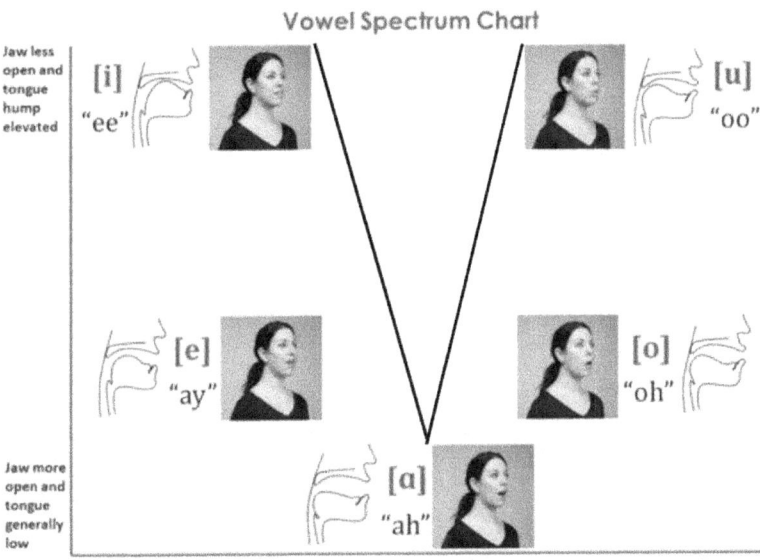

Приложение 10

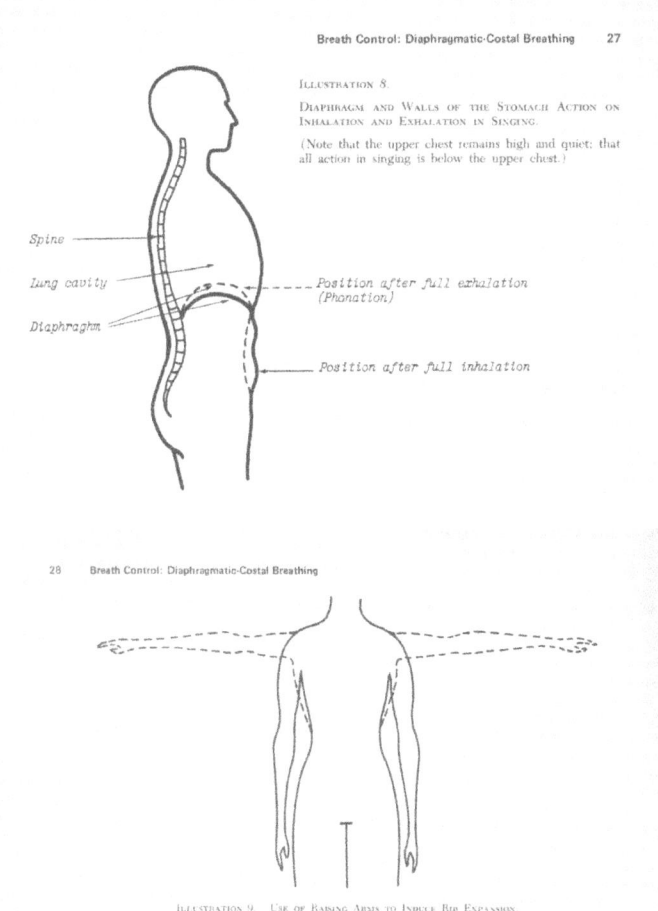

From **Foundations in Singing. 3rd edition. Van A. Christy.**

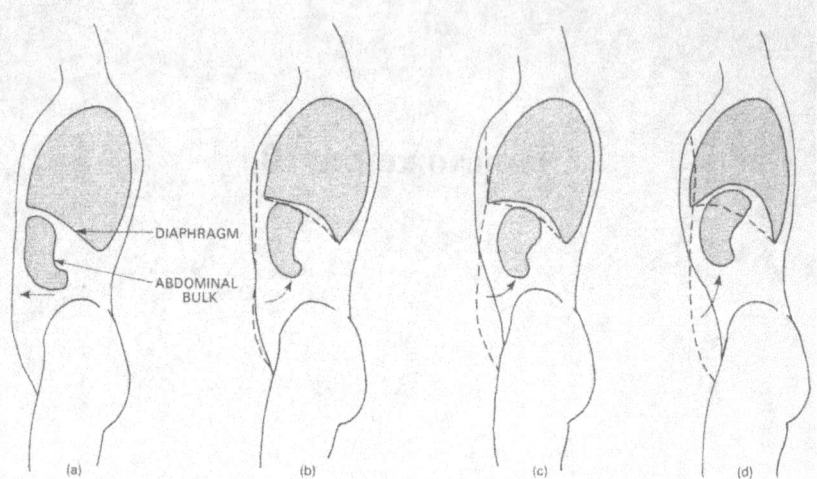

Fig. 3. a. Inhalation. **b.** Shortly after beginning of phrase. **c.** Continuation of phrase. **d.** End of phrase. Dotted lines in **b, c,** and **d** represent original positions of chest, belly, and diaphragm.

Singing Technique, How to Avoid Vocal Trouble. Klein, Joseph J. & Schjeide, Ole A. National Music Publishers, 1981. p.18.

Приложение 11:

Некоторые сайты с церковными нотами.

http://rocm.org/

http://kliros.ru/

http://regentlib.orthodoxy.ru/

https://www.sobor.org/russian-liturgical-music-archive

http://www.voinov.org/cgi-bin/music/Scores

https://horist.ru/

http://orthodoxia.org/music/

http://agiosis.orthodoxy.ru/arhiv.htm

https://music.russianorthodox-stl.org/ (English)

https://www.regentzagod.com/notes

https://www.orthodoxchoral.org/ (Russian and English)

http://www.oca.org/liturgics/music-downloads Music Downloads - Orthodox Church in America (oca.org)

Православная церковная музыка и пение - Православное христианство (www.hristianstvo.ru/culture/music/churchmusic/)

notymus.narod.ru)

www.orthodoxrussiansinging.com)

Библиотека Московской регентско-певческой семинарии (seminaria.ru)

Приложение 12:

On bell ringing: Fr. Seraphim Slobodskoy and N. V. Matveev

О КОЛОКОЛАХ И РУССКОМ ПРАВОСЛАВНОМ ЗВОНЕ.[8]

Протоиерей Серафим Слободской

Колокола являются одною из необходимых принадлежностей православного храма. В «чине благословения колокола» сказано: **«яко да вси слышащие звенение его, или во дни или в нощи, возбудятся к славословию имени Святого Твоего».**

Колокольный церковный звон употребляется для того, чтобы:

1. созывать верующих к Богослужению,
2. выражать торжество Церкви и ея Богослужений,
3. возвещать не присутствующим в храме о времени совершения особенно важных частей Богослужений.

Кроме того, звоном созывался народ на вече (народное собрание). Звоном указывали дорогу заблудившимся в ненастье путникам. Звоном оповещалась какая-либо опасность или несчастье, напр., пожар. В трагические дни для Родины звоном призывали народ на защиту Отечества. Звоном оповещался народ о победе и приветствовалось победное возвращение полков с поля брани (войны) и проч. Так колокольный звон во многом сопутствовал жизни нашего народа.

---

[8] Слободской, Прот. Серафим. Закон Божий. 1973. Изд. 3. Типография Иова Почаевскаго. Джорданвилль, Н.Й. ст. 699–711.

Колокола развешиваются на особой башне, именуемой колокольнею или звонницею, которая строится над входом в храм или же рядом с храмом.

Но колокола, как известно, стали употребляться христианами не сразу с появлением христианства.

В Ветхозаветной церкви, – в Иерусалимском храме, – верующие созывались на Богослужения не колоколами, а звуками труб.

В первые века гонений на христианство от язычников, христиане не имели возможности открыто созывать верующих к Богослужению. В то время верующие созывались на Богослужения тайно. Обычно это делалось через дьяконов или особых вестников, а иногда сам епископ после Богослужения объявлял о времени и месте очередного Богослужения.

После прекращения гонений (в IV веке) стали созывать верующих различными способами.

Более общий способ созыва верующих к Богослужению определился к VI веку, когда стали употреблять **била** и **клепала**. Била или кандии — это деревянные доски, а клепала–железные или медныя полосы, согнутыя в полукруг.

Наконец, определился самый усовершенствованный способ созыва верующих к Богослужению — это **колокольный звон.**

Впервые колокола, как известно, появились в Западной Европе. Есть предание, по которому изобретение колоколов приписывается **Св. Павлину, Епископу Ноланскому** (†411), т. е. в конце IV или в начале V века. Есть несколько сказаний об этом. По одному из этих сказаний, Св. Павлин во сне увидел полевые цветы — колокольчики, которые издавали приятные звуки. После своего сна епископ велел отлить колокола, имевшие форму этих цветов. Но, очевидно, Св. Павлин не ввел колоколов в практику Церкви, т. к. ни сам он в своих сочинениях, ни современные ему писатели не упоминают о колоколах. Только в начале VII века **Римскому Папе Савиниану** (преемнику Св. Григория Двоеслова) удалось придать колоколам христианское значение. С этого времени колокольный звон стал постепенно употребляться христианами, и в течение VIII и IX веков в Западной Европе колокола прочно вошли в практику христианского Богослужения.

На Востоке, в Греческой Церкви, колокола стали употребляться со второй половины IX века, после того, когда в 865 г. венецианский дож Урсус прислал в дар императору Михаилу 12 больших колоколов. Колокола эти были повешаны на башне при Софийском соборе. Но у греков колокола не вошли в обширное употребление.

В России колокола появились почти одновременно с принятием христианства Св. Владимиром (988 г.), т. е. **в конце X века**. Наряду с колоколами употреблялись также била и клепала, которые существовали до последняго времени в некоторых монастырях. Но, как ни странно, Россия заимствовала колокола вовсе не из Греции, откуда приняла Православие, а из Западной Европы. На это указывает даже самое название **колокол,** которое происходит от немецкого слова Glocke. На церковном языке колокол именуется «кампан« — от названия римской провинции Кампании, где из меди были отлиты первые колокола. Сначала колокола были небольшие, по несколько сот фунтов. Было их при храмах немного, по 2, по 3 колокола.

Но с XV века, когда в России появились собственные заводы по отливке колоколов, то стали отливать колокола больших размеров. Так, на колокольне Ивана Великаго в Москве имеются, напр., такие колокола: колокол по названию «Вседневный«, весит 1017 пудов 14 фунтов; колокол «Реут», весит около 2000 пудов; самый большой колокол называется «Успенский» или «Праздничный», весит около 4000 пудов.

Самым же большим колоколом в мире и в настоящее время является «**Царь Колокол**», стоящий теперь на каменном постаменте у подножия колокольни Ивана Великаго. Он не имеет себе равнаго в мире не только по размеру и весу, но и по художественному литью. Царь Колокол был отлит российскими мастерами (отцом и сыном) **Иваном и Михаилом Маториными** в 1733–1735 годах. Материалом для Царя Колокола послужил его предшественник колокол-гигант, поврежденный пожаром. Этот колокол весил 8000 пудов и был отлит колокольным мастером, Александром Григорьевым, в 1654 г. К этому материалу в 8000 пудов было добавлено свыше 5000 пудов сплава.

Общий **вес** Царя Колокола — 12.327 пудов и 19 фунтов или 200 тонн   (218 амер. тонн). **Диаметр** колокола — 6 метров 60 см., или 21 фут 8 инчей.

Это удивительное произведение литейного искусства не успели поднять на колокольню, т. к. колокол жестоко пострадал от страшного и опусто-шительного пожара в 1737 году. Царь Колокол тогда еще находился в литейной яме, окруженный деревянными лесами (конструкциями). Но был ли он поднят на эти леса или нет, точно не установлено. Когда эти деревянные леса загорелись, их стали заливать водою. Раскаленный колокол от резкой перемены температуры дал много больших и малых долевых трещин и от него отвалился большой кусок, весом в 11.500 килограммов.

После пожара Царь Колокол пролежал в яме целое столетие. В 1836 году колокол был поднят и установлен на каменный постамент, по проекту архитектора А. Монферрана, строителя Исаакиевского собора и Алексан-дровской колонны в Петербурге. На этом постаменте он стоит и теперь. Внизу, к постаменту прислонен отпавший край колокола. Такова судьба величайшаго в мире Царя-Колокола, который никогда не звонил.

Но и теперь, находящийся в Москве на колокольне Ивана Великаго, колокол «Успенский», является самым большим в мире (4000 пуд.). Ударом в него давалось начало торжественному звону всех московских храмов в Великую, Светлую, Пасхальную ночь.

Так русский православный народ полюбил церковный колокольный звон и обогатил его своею изобретательностью и искусством.

Отличительной чертой русских колоколов является их **звучность и певучесть**, что достигается средствами, как-то:

1. точною пропорцией меди и олова, нередко с добавлением серебра, т. е. правильным сплавом.

2. высотою колокола и его шириною, т. е. правильной пропорцией самого колокола,

3. толщиною стен колокола,

4. правильным подвешиванием колокола,

5. правильным сплавом языка и способом прикрепления его к колоколу; и многим другим.

Языком называется ударная часть колокола, помещающаяся внутри его. Русский колокол от западноевропейского колокола в первую очередь и отличается тем, что сам колокол укрепляется неподвижно, а язык подвешивается внутри колокола свободнокачающимся, ударом которого и производится звук.

Характерно, что русский народ, назвав ударную часть колокола **языком**, уподобил этим звон колокола **живому голосу**. Для верующих русских людей колокола соделались **языком, голосом** и **трубами**. Поистине, каким другим именем, как не говорящими устами, можно назвать колокольный звон: в дни великих праздников он напоминает нам о блаженстве небесном, в дни святых Божиих он говорит нам о вечном покое святых небожителей, во дни Страстной седмицы напоминает нам о нашем примирении с Богом через Христа Спасителя, во дни Светлой Пасхальной седмицы возвещает нам о победе жизни над смертью и о вечной, нескончаемой радости будущей жизни в Царствии Христовом.

Разве это не говорящия уста, когда колокол дает нам знать о каждом часе, о течении его, напоминая вместе с тем и о вечности, когда **«времени уже не будет»** (Апок. 10, 6).

Благовествуя славу имени Христова, раздаваясь днем и ночью, и большею частью с высоты при Храмах Божиих, колокольный звон сам собою напоминает нам слова Господа Вседержителя, сказанные через ветхозаветного пророка Исаию: «На стенах твоих, Иерусалим, Я поставил сторожей, которые не будут умолкать ни днем, ни ночью..., напоминая о Господе» (Ис. 62, 6). Не случайно язычники, часто слыша колокольный звон, говорили: **«это голос христианского Бога слышен!»** ...

Звуки **одного** церковнаго **колокола** представляют собою нечто **возвышенное, торжественное**; а если раздается звон **нескольких**, более или менее согласованных между собою **колоколов**, то происходит еще более **величественное благозвучие**. Мощный колокольный звон, действуя на наше внутреннее чувство, пробуждает наши души от усыпления духовнаго.

Какими скорбными, удручающими, а чаще всего раздражающими тонами отзывается колокольный звон в душе злого нечестиваго отступника.

Чувство беспокойства, душевнаго томления вызывается колокольным звоном в душе постоянно грешной.

Между тем, как в душе верующей, ищущей мира с Господом Богом, церковный колокольный звон возбуждает светлое, радостное и мирное настроение. Так что человек может по колокольному звону определять состояние своей души.

Можно много привести примеров из жизни, когда человек, утомившийся в борьбе с житейскими горестями, впавший в отчаяние и уныние, решается посягнуть на свою собственную жизнь. Но, вот, до его слуха достиг церковный звон, и готовящийся стать самоубийцею, содрагается, страшится самого себя, невольно ограждает себя крестным знамением, вспоминает об Отце Небесном, и в душе его возникают новые, добрые чувства, — и погибший было навеки возраждается к жизни. Так, в ударах церковнаго колокола скрывается дивная сила, глубоко проникающая в сердца человеческия.

Полюбив церковный колокольный звон, русский православный народ соединил с ним все свои торжественныя и печальныя события. Потому православный колокольный звон служит не только указанием времени Богослужения, но служит и выражением радости, грусти и торжества. Отсюда и появились различные виды звона и каждый вид звона имеет свое название и значение

ВИДЫ ЗВОНА И НАЗВАНИЯ ИХ.

Колокольный церковный звон разделяется на два основных вида: 1. **благовест** и 2. собственно **звон**.

1. БЛАГОВЕСТ.

Благовестом называется мерные удары в один большой колокол. Этим звоном созываются в храм Божий к Богослужению.

Благовестом этот звон называется потому, что им возвещается **благая, добрая весть о начале Богослужения**.

Совершается благовест так: сначала производятся три редких, медленных, протяжных **удара** (пока не прекратится звук колокола), а затем уже следуют **мерные удары**. Если колокол очень большого или огромнаго размера, то эти мерные удары производятся качающимся языком в оба края колокола. Если же колокол сравнительно небольшой, то в таком случае язык его притягивается веревкой довольно близко к его краю, на веревку кладется доска и нажимом ноги производятся удары.

Благовест в свою очередь делится на два вида:

1. **Обыкновенный** или **частый** и производится самым большим колоколом; и

2. **постный** или **редкий**, производится меньшим по величине колоколом, в седмичные дни Великаго Поста.

Если при храме имеются несколько больших колоколов, а это бывает при кафедральных соборах, больших монастырях, лаврах, тогда большие ко-локола, в соответствии своему назначению, различаются на следующие коло-кола: 1) праздничный; 2) воскресный; 3) полиелейный; 4) просто-дневный или будничный; 5) пятый или малый колокол.

Обычно в приходских храмах больших колоколов бывает не больше двух или трех.

2. СОБСТВЕННО ЗВОН.

Собственно звоном называется звон , когда звонят сразу во все колокола или же в несколько колоколов.

Звон во все колокола различается на:

1. **Трезвон** — это звон во все колокола, затем маленький перерыв, и второй звон во все колокола, снова маленький перерыв, и третий раз звон во все колокола, т. е. **звон во все колокола трижды** или звон в три приема.

Трезвон выражает собою христианскую радость, торжество.

В наше время трезвоном стали называть не только звон во все колокола трижды, но, вообще, звон во все колокола.

2. Двузвон — это звон во все колокола дважды, в два приема.

3. Перезвон — это звон поочередно в каждый колокол (по одному или несколько ударов в каждый колокол), начиная **с большого и до самаго малаго,** и так повторяют много раз.

4. Перебор — это медленный звон поочередно в каждый колокол по **одному разу,** начиная **с самаго малаго и до большого,** а после удара в большой колокол, ударяют во все колокола **вместе сразу,** и так повторяют много раз.

УПОТРЕБЛЕНИЕ ЗВОНА И ЕГО ЗНАЧЕНИЕ.

===

ЗВОН НА ВСЕНОЩНОМ БДЕНИИ.

1. Перед началом Всенощнаго Бдения—**благовест,** который закан-чивается **трезвоном**.

2. В начале чтения **шестопсалмия** полагается **двузвон**. Этот двузвон оповещает о начале 2-й части Всенощнаго Бдения—**утрени** и выражает собою **радость Рождества Христова** — воплощения Второго Лица Пресвятой Троицы, Господа нашего Иисуса Христа. Начало утрени, как мы знаем, прямо указывает на Рождество Христово и начинается славословием ангелов, явившихся вифлеемским пастухам: **«Слава в вышних Богу, и на земли мир, в человецех благоволение».**

В народе двузвон на всенощной называется **«вторым звоном»** (второй звон после начала всенощной).

3. Во время пения **полиелея,** перед самым чтением **Евангелия** полагается **трезвон,** выражающий радость, празднуемаго события. На воскресном Всенощном Бдении трезвон выражает **радость и торжество Воскресения Христова.** (В некоторых местностях он совершается во время пения: «Воскресение Христово видевше»…) обыкновенно в руководствах этот звон именуется **«звоном к Евангелию».**

В народе трезвон на Всенощной («звон к Евангелию«) называется **«третьим звоном«.**

4. В начале пения песни Божией Матери: **«Величит душа Моя Господа...»** бывает краткий **благовест**, состоящий из 9-и ударов в большой колокол (по обычаю киевскому и всей Малороссии).

5. В **Великие праздники** по окончании Бдения бывает **трезвон**.

6. При архиерейском Богослужении после каждаго Всенощнаго Бдения полагается **трезвон**, для провода архиерея.

ЗВОН НА ЛИТУРГИИ.

Перед началом чтения 3-го и 6-го часа совершается **благовест к Литургии**, а в конце 6-го часа, перед самым началом Литургии, — **трезвон**.

Если служится две Литургии (ранняя и поздняя), то **благовест к ранней Литургии** бывает более **редкий, медленный**, чем к поздней Литургии, и обычно совершается не в самый большой колокол.

При архиерейском Богослужении благовест к Литургии начинается в указанное время. При приближении архиерея к храму полагается **трезвон**. Когда архиерей войдет в храм, трезвон прекращается и снова продолжается благовест до начала облачения архиерея. В конце же 6-го часа — **трезвон**.

Затем во время Литургии полагается **благовест** при начале **«Евхаристическаго канона»,** — самой важнейшей части Литургии, для извещения о времени освящения и пресуществления Святых Даров.

У прот. К. Никольскаго, в книге «Устав Богослужения», сказано, что благовест к «Достойно» начинается от слов: **«Достойно и праведно есть покланятися Отцу и Сыну и Святому Духу...»**, и бывает до пения: **«Достойно есть яко воистину, блажити Тя Богородицу...»**. Точно такое же указание имеется и в книге: «Новая Скрижаль», Архиеп. Вениамина, изд. СПБ. 1908 г. стр. 213.

На практике же благовест к «Достойно» бывает более кратким, состоящим из 12 ударов.

На юге России благовест к «Достойно» совершается обычно пред началом «Евхаристическаго канона», во время пения Символа Веры. (12 ударов, 1 удар на каждый член Символа Веры).

Благовест к «Достойно« в обычай русских церквей был введен во время Московскаго Патриарха Иоакима (1690 г.) по подобию западных церквей, где звонят при словах: «Приимите, ядите…».

После окончания Литургии во **все Великие праздники** полагается **трезвонить** (звонить во все колокола).

Также **после каждой Литургии, совершенной архиереем**, полагается **трезвонить**, для провода архиерея.

На **праздник Рождества Христова** полагается **трезвонить** весь первый день Праздника от Литургии до вечерни.

На Праздник Пасхи — Воскресения Христова:

Благовест к **Светлой Заутрени** начинается **перед полунощницей** и продолжается до начала **Крестнаго хода**, а с **начала Крестнаго хода** и до конца его, и даже дольше, бывает радостный торжественный **трезвон.**

К Пасхальной Литургии — **благовест** и **трезвон.**

А на самой **Пасхальной Литургии**, во время чтения **Евангелия**, **полагается частый перезвон**, по 7-ми ударов в каждый колокол (число 7 выражает полноту славы Божией). Этот торжественный перезвон означает проповедь Евангелия Христова на всех языках. Перезвон этот, по прочтении Евангелия, заканчивается радостным победным **трезвоном.**

Во всю Светлую Пасхальную Седмицу полагается **трезвон ежедневно,** от конца Литкргии до вечерни.

Во все **Воскресные дни, от Пасхи до Вознесения,** после окончания Литургии полагается совершать **трезвон.**

В Храмовые Праздники:

В конце Литургии перед **началом молебна** полагается краткий **благовест** и **трезвон** и по окончании молебна — **трезвон.**

Во время всех **Крестных ходов** полагается трезвон.

К **Царским Часам** бывает **благовест** обыкновенный в большой колокол, а к **Великопостным Часам** — **благовест** постный в меньший колокол. Как на царских Часах, так и на Великопостных Часах перед каждым часом звон: перед 3-м часом ударяют в колокол три раза, перед 6-м — шесть раз, перед 9-м - девять раз. Перед изобразительными и повечерием — 12 раз. Но если Постом случится праздник, то на часах в колокол не ударяют отдельно на каждом часе.

На **утрени Великаго Пятка**, которая служится **вечером в Вел. Четверг** и когда читается **12 Евангелий Страстей Господних**, помимо обычнаго **благовеста** и **трезвона** в начале утрени, совершается **благовест** к **каждому Евангелию**: к 1-му Евангелию — **1 удар** в большой колокол, ко 2-му Евангелию — **2 удара**, к 3-му Евангелию — **3 удара** и т. д.

По окончании утрени, когда верующие несут «четверговский огонь» домой, полагается **трезвон.**

УПОТРЕБЛЕНИЕ ПЕРЕЗВОНА И ЕГО ЗНАЧЕНИЕ.

==

На **вечерне Великаго Пятка, перед выносом Плащаницы**, во время пения: «Тебе одеющагося...» полагается медленный **перезвон по одному разу в каждый колокол** (с большого до малаго), а по положении Плащаницы среди храма - тотчас **трезвон.**

На **утрени Великой Субботы**, начиная с пения «**Великаго Славословия**» **и в продолжение всего Крестнаго хода с Плащаницею** вокруг храма, полагается **перезвон,** такой же, как и при выносе Плащаницы, т. е. медленный перезвон по 1 разу в каждый колокол с большого до малаго. Когда же внесут Плащаницу в храм и дойдут с Нею до Царских Врат — тотчас **трезвон.**

Медленный перезвон по 1-му разу в каждый колокол, начиная с самаго большого, мощнаго звука, и доходя постепенно до самаго тонкаго и высокаго звука малаго колокола, символизирует собою «**истощание**» Господа нашего Иисуса Христа ради нашего спасения, как и поем мы, например, в ирмосе 4-й песни, 5-го гласа: «**Божественное Твое разумев истощание... во спасение людей Твоих...**».

По установившейся вековой практике Русской Православной Церкви (в центральной части России) такой перезвон должен совершаться только два раза в год: в Вел. Пятницу и Вел. Субботу, в день крестной смерти Господа и Его вольнаго погребения. Опытные звонари особенно строго следят за этим и никак не допускают, чтобы скорбный звон, относящийся к Господу, Спасителю нашему, был бы одинаков с погребальным звоном простых, смертных и грешных людей.

На **утрени в день Воздвижения Креста Господня, в Неделю Крестопоклонную** и **1 августа,** перед выносом креста из алтаря во время пения «Великаго Славословия», бывает **перезвон**, при котором медленно ударяют по **3 раза** (в некоторых местностях по 1 разу) в каждый колокол от самаго большого до малаго. Когда же крест будет вынесен на середину храма и положен на аналой — **трезвон**.

Подобный же перезвон, но только **частый, быстрый**, и **по 7 раз** (или по 3 раза) в каждый колокол, бывает перед **малым освящением воды**. При погружении креста в воду — **трезвон**.

Такой же, как перед водоосвящением, бывает **перезвон** перед **посвящением в сан Епископа.** Вообще частый перезвон по несколько раз в каждый колокол есть **торжественный звон.** В некоторых местностях такой перезвон совершают перед началом Литургии в **храмовые Праздники** и в других торжественных случаях, например, как указано было выше, при чтении Пасхальнаго Евангелия.

УПОТРЕБЛЕНИЕ ПЕРЕБОРА И ЕГО ЗНАЧЕНИЕ.

Перебор, иначе **похоронный** или **погребальный звон**, выражает грусть и скорбь об усопшем. Он совершается, как уже сказано было выше, в обратном порядке, чем перезвон, т. е. медленно ударяют **по одному разу** в каждый колокол **с самаго малаго и до самаго большого**, а после этого ударяют **одновременно во все колокола**. Этот скорбный похоронный перебор обязательно заканчивается кратким **трезвоном**, выражающим радостную христианскую веру в воскресение усопшего.

Ввиду того, что в некоторых руководствах по звону указано не совершать при отпевании усопших трезвона, а это не соответствует церковной практике, то мы по этому поводу даем некоторое разъяснение.

Медленный перебор колоколов, от самаго маленькаго до самаго большого, символизирует собою возрастающую жизнь человеческую на земле, от младенческаго возраста до зрелости и возмужалости, а одновременный удар колоколов означает пресечение земной жизни человеческой смертью, при которой все, что приобретено человеком для жизни сей, оставляется. Как это и выражено в песнях при отпевании: «Вся суета человеческая, елика не пребывает по смерти: не пребывает богатство, ни сшествует слава: пришедшей бо смерти, **сия вся потребишася**». (Или как в другом песнопении поется: **«единым мгновением, и вся сия смерть приемлет.** »») Темже Христу безсмертному возопиим: преставленнаго от нас упокой, идеже всех есть **веселящихся жилище**».

Вторая часть песни прямо указывает на радость в будущей жизни со Христом. Она то и выражается, в заключение скорбнаго перебора, **трезвоном.**

В журнале «Православная Русь«, в отделе «Вопросы и ответы», **Архиеп. Аверкий,** по поводу обычаев при отпевании и панихидах дал твердо-обоснованныя разъяснения, которыя безусловно должны касаться также и звона: «По нашему православному обычаю, совершать панихиды и отпевания полагается в светлых облачениях. Обычай совершать эти чинопоследования в черных облачениях проник к нам с Запада и совершенно несвойствен духу св. Православия, но тем не менее он довольно широко у нас распространился — настолько, что нелегко его теперь искоренить… Для истиннаго христианина — смерть есть переход к лучшей жизни: радость, а не скорбь, как прекрасно выражено это в трогательнейшей третьей коленопреклонной молитве, читаемой на вечерни в день Пятидесятницы: **«Несть убо , Господи, рабом Твоим смерть, исходящим нам от тела, и к Тебе Богу нашему приходящим, но преставление печальнейших на полезнейшая и сладостнейшая, и на упокоение и радость»** (см. Триодь Цветная).

Трезвон, напоминающий о воскресении, благостно действует на верующую христианскую душу, скорбящую о разлуке с усопшим, и дает ей внутреннее утешение. Лишать христианина такого утешения нет никаких оснований, тем более что этот трезвон прочно вошел в быт русскаго православнаго народа и является выражением его веры.

Таким образом, при несении усопшаго на отпевание в храм совершается скорбный **перебор**, а при внесении его в храм — **трезвон**. После отпевания, при выносе усопшаго из храма, совершается снова **перебор**, оканчивающийся также **трезвоном**.

При отпевании и погребении **иереев, иеромонахов, архимандритов** и **Архиереев** совершается несколько иной **перебор**. Сначала ударяют в большой колокол 12 раз, потом следует **перебор**, снова 12 раз в большой колокол и снова **перебор** и т. д. При внесении тела в храм совершается **трезвон**, также по прочтении молитвы — **трезвон**. При вынесении тела из храма, снова указанный **перебор**, а по поставлении тела в могилу бывает **трезвон**. В иных же местах звонят обычным похоронным перебором.

В «Чиновней книге» указано, что при выносе патриарха Иоакима был благовест, переменяя во все колокола изредка (Врем. Имп. Моск. Общ. Ист. И древн. 1852 г. 15. стр. 22).

Недавно нам довелось узнать, что существовал еще один вид **перебора** — это по одному удару в каждый колокол, но начиная с большого до малаго и затем одновременный удар всех колоколов. Это подтвердилось грамофонной пластинкой: «Ростовские звоны», записанной в Ростове, в 1963 году. На практике же нам не приходилось слышать такого звона, нет о нем указаний и в руководствах по звону. Поэтому мы не можем указать, где и когда он применялся.

Существует еще так называемый **красный звон** во все колокола («во вся тяжкая«).

Красный звон бывает при кафедральных соборах, монастырях, лаврах, т. е. там, где имеется большое количество колоколов, в составе которых много больших колоколов. Красный звон совершается несколькими звонарями, в количестве пяти человек и больше.

Красный звон бывает в Великие Праздники, при торжественных и радостных событиях в Церкви, а также для отдания почести епархиальному архиерею.

Кроме того, следует также упомянуть о «всполошном» или «набатном» звоне, имеющем общественно-бытовое значение.

Всполошным или **набатным звоном** называется непрерывные, частые удары в большой колокол. В набат или всполох звонили во время тревоги по случаю пожара, наводнения, мятежа, нашествия врагов или другого какого-нибудь общественнаго бедствия.

«Вечевыми» колоколами назывались колокола, которыми жители Новгорода и Пскова созывали народ на **вече**, т. е. на народное собрание.

Победа над неприятелем и возвращение полков с поля брани возвещалось радостным, торжественным трезвоном во все колокола.

В заключение напомним, что наши русские звонари достигли высокаго мастерства в колокольном звоне и прославились на весь мир. Много туристов приезжало из Европы, Англии и Америки на Праздник Пасхи в Москву, слушать пасхальный звон.

В этот «праздников Праздник» в Москве, в общей сложности всех храмов, звонили более 5.000 колоколов. Тот, кто слышал Московский пасхальный звон, тот никогда его не мог забыть. Это была «единственная в мире симфония«, как пишет о том писатель И. Шмелев.

Этот мощный торжественный звон переливался, по всей Москве, различными мелодиями каждаго храма и возносился от земли к небу, как победный гимн Воскресшему Христу.

(В основу указаний о порядке звона положена гл. образом практика Русской Православной Церкви (центр. России). Эта практика создана и утверждена многовековым опытом и бытом Русскаго Православнаго народа, т. е. самою жизнью Соборной Церкви).

Колокольные звоны. [9]

Н.В. Матвеев

Типично русским явлением было искусство колокольного звона, достигшее высокого развития на Руси. Колокола входят в употребление в русских церквах с середины XI века, заменяя т. н. «била» - чугунные полосы, по которым ударяли молотом для

---

[9] Хоровое Пение. Н.В. Матвеев. 1998.Изд. Братство св. благ. Князя Александра Невского. Ст.265-274.

оповещения о начале церковной службы. Колокольные звоны на Руси были доведены до степени высокого и тонкого искусства. Наборы колоколов разного размера, строя, силы и окраски звучания давали возможность извлекать яркую и эффективную «музыку». Отдельные церковные приходы и монастыри вырабатывали, наряду с собственными распевами, также и свои «стили» колокольного звона.

Необходимой принадлежностью православных храмов являются колокола, которые помещаются или на крыше храма, в башнях куполов, или при входах в церковь, в звонницах, устраиваемых в арках крыльца и в самой церкви у западной стороны, или близ храма в особом здании для них, называемом колокольней.

Колокола в церкви предназначены для того, чтобы:

1) возвещать о богослужении, созывать к богослужению;

2) выражать торжество Церкви и ее богослужения; и

3) возвещать не присутствующим в храме об известных молитвословиях и чтениях богослужения, совершаемого в храме, и, таким образом, призывать их соединить свои молитвы ко Господу с молитвами находящихся в храме.

Кроме того колокола имели и иное применение - в сельских церквах служили для путешествующих (во время вьюг и метелей) спасительным звоном.

Колокола в церковном уставе называются словами: **било, клепало, кампан, тяжкая, звоны.**

Некоторые из этих названий сохранились от того времени, когда колокола еще не были введены в употребление в христианской церкви (до VIII в.) и верующие призывались к богослужению посредством деревянной или металлической доски, в которую ударяли молотом или палкой. Эта доска или палка и разумеется в уставе под названием **било, клепало, древо.** Когда доски были заменены колоколами, сказанное в уставе о биле, клепале, древе должно применять к колоколам. Собственно **колокола** в Типиконе (Уставе) обозначаются словами:

кампан - от названия римской провинции Кампании, где добывалась медь, из которой были отлиты первые колокола;

тяжкая - от тяжких, сильных звуков колоколов;

звоны - от звучности колоколов.

Обычно в храмах бывает несколько колоколов, различных между собою по величине и силе звука:

1) *праздничный*,

2) *воскресный*,

3) *полиелейный*,

4) *простодневный, или будничный*,

5) *пятый, или малый колокол*.

Кроме того, бывает несколько маленьких (зазвонных) колоколов разной величины.

Звон в колокола перед началом службы, во время ее и после службы не одинаков. Различают, главным образом, два рода звона: **благовест** и собственно **звон**.

Благовестом называется звон, когда ударяют в один колокол, или в несколько колоколов, но не вместе, а поочередно в каждый колокол, тогда благовест называют *перезвоном* и *перебором*.

Собственно **звоном** называется звон, когда ударяют в колокола вместе. Когда звон в несколько колоколов бывает в три приема, тогда он называется «*три-звоном*», или *трезвоном*.

Звон к богослужению в храме бывает посредством благовеста - в один колокол, в который ударяют в продолжение некоторого времени перед началом службы.

Церковный звон, являющийся зовом в церковь, к службе Божией, всегда возвещает радостную, благую весть, поэтому он и назван **благовестом**.

Перед более торжественными службами в воскресные и праздничные дни за благовестом следует трезвон в несколько колоколов.

Звон, которым возвещается об известных молитвословиях, чтениях, совершаемых в храме за богослужением, бывает во время самого богослужения утрени и литургии.

Ко всенощному бдению положен благовест, затем трезвон. Перед началом утрени (когда начинается чтение «Шестопсалмия») -

трезвон. Затем бывает звон, называемый «звоном к Евангелию», он начинается во время пения степенна гласа перед чтением Евангелия.

На утрени во время пения Великого славословия (перед выносом Креста из алтаря) - в праздник Воздвижения Креста Господня, в Неделю Крестопоклонную и в день празднества Происхождения честных древ Креста Господня (1 августа) бывает перезвон: ударяют в каждый колокол поочередно один раз, потом во все вместе, и таким образом перебирают колокола два-три раза. При пении «Святый Боже», когда переносится Крест на середину церкви, - трезвон во все колокола.

Такой звон положено совершать в Великую пятницу на вечерне перед выносом Плащаницы, во время пения: «Тебе одеющегося» и на утрени в Великую субботу при пении Великого славословия, перед несением Плащаницы вокруг церкви.

Перед литургией положен благовест, а затем трезвон. Во время литургии бывает звон в один колокол к «Достойно», т.е. во время самой важной части литургии, во время Евхаристического канона; звон начинается от слов «Достойно и праведно есть покланятися Отцу и Сыну и Святому Духу» - и до пения «Достойно есть, яко воистину блажити Тя, Богородицу». По окончании литургии в воскресные и праздничные дни положен трезвон.

Бывает еще особый звон во время литургии в день Св. Пасхи, во время чтения Пасхального Евангелия - при чтении каждого стиха Евангелия ударяют один раз в самый большой колокол, а на последнем возгласе ударяют во все колокола.

В дни храмовых праздников бывает благовест перед молебном, при начале его и по окончании - трезвон. При крестных ходах - при начале и во время самого крестного хода бывает трезвон.

В дни храмовых праздников перед освящением воды бывает перезвон, начиная с большого и кончая самым малым колоколом, по несколько раз. При погружении Креста в воду, во время водоосвящения, положен трезвон.

Такой же перезвон, какой бывает перед водоосвящением, бывает и перед посвящением во епископа.

При погребении иереев, иеромонахов, архимандритов и архиереев, при выносе тела их из дома и при шествии с ним к могиле бывает перезвон такой же, какой и при выносе Креста в праздник Воздвижения, т.е. Ударяют один раз в каждый из колоколов (и перебирают колокола до двух-трех раз), и потом один раз во все колокола вместе.

По прочтении разрешительной молитвы и при опускании гроба в могилу бывает трезвон.

Сообразно различию праздников <u>благовест и звон бывают в разные колокола</u>, а именно:

1) в *праздничный* колокол: во все двунадесятые и храмовые праздники ко всенощной, к литургии, к великой вечерне;

2) в колокол *воскресный*: во все воскресные дни и в праздники со всенощным бдением, какие указывает Типикон;

3) в колокол *полиелейный* благовестят в дни празднований с полиелеем;

4) в колокол *простодневный* благовестят во все седмичные дни;

5) в *пятый*, или *малый*, колокол благовестят к малой вечерне.

Звон Великого поста по своему тону отличается от звона в другое время, он бывает медленный. В противоположность ему всякий другой называется в Уставе **звон красный.**

В уставе назначается количество времени для благовеста и для звона перед службами. Благовест к Всенощному бдению, как указано в Типиконе, должен длиться то количество времени, в которое следует прочитать 50-й псалом один раз.

В Великие праздники (Пасха, Благовещение и др.) благовест назначается более продолжительный. Согласно определению Святейшего Синода 1722 года, «звонить к вечерням, утреням и литургиям без всякого излишества».

Колокольный звон был известен на Руси уже в X веке. О колоколах на Руси упоминается в летописях 988 года. Колокола к нам пришли из Византии, а с Запада. Слово **колокол,** по предположению некоторых исследователей, произошло от старинного русского *коло* - круг, окружность. Другие считают, что оно составилось следующим образом: *кол о кол*, т.е. от удара одного кола о другой, что напоминает древние била и клепала. Известно еще и третье мнение некоторых ученых, что слово **колокол** произошло от греческого *калкун*, означающего клепало или било.

В начале XI в. колокола были при храмах св. Софии в Новгороде, при Десятинной церкви в Киеве, а также и в некоторых русских городах - Владимире, Полоцке, Новгороде-Северском. Сами русские впервые стали лить колокола в половине XIII века в Киеве.

В XIV в. встречаются в Москве мастера, отливающие колокола для московских и новгородских церквей. В XVI столетии литейное искусство в Москве процветало. Было отлито много колоколов не только для Москвы, но и для других городов. Из русских мастеров этого времени известен знаменитый Андрей Чохов. На огромной пушке его работы, известной под названием *Царь-пушка* (1586 г.), искусно изображен царь Федор Иванович.

Изготовление колоколов, заимствованное нами из Германии, в XVII в. Развилось и окрепло на русской почве, достигнув таких размеров, которые не наблюдались в Западной Европе. Причина этого лежит в религиозности русского народа. Ему сразу по сердцу пришелся могучий и стройный звон церковных колоколов, умиротворяюще действующий на душу; в этом благовесте слышится великий призыв Неба отвлечься от земной суеты и тревоги. В XVI в. в Москве насчитывалось во всех церквах не менее пяти тысяч колоколов, что в среднем составляет на каждый храм более 12 колоколов.

Величина и вес русских колоколов значительно превосходит величину колоколов в Западной Европе.

В 1735 году в Московском Кремле русский колокольный мастер Михаил Моторин отлил самый большой в мире колокол, весом в 12.000 пудов, т.е. около 200 тонн, известный под названием *Царь-колокол*. Колокол находился до 1737 г. в земляной яме, в которой проходил весь процесс отлития. Над ямой был сооружен деревянный сарай для прикрытия колокола. Весной упомянутого года в Москве разразился большой пожар, который охватил и кремлевские здания. Загорелась деревянная постройка над ямой, куда начали падать горящие бревна. Колокол от высокой температуры накалился.

С художественной стороны колокол, звучание которого не пришлось услышать, замечателен красотой своей формы и скульптурных украшений.

После царя-колокола следующим по величине был колокол Троице-Сергиевой лавры, весом более 4000 пудов, т.е. более 64 тонн, отлит в 1748 г. Затем Большой Успенский колокол в Московском Кремле, весом 4000 пудов (64 тонны), отлит в 1817 году взамен разбившегося в 1812 г. во время взрыва при отступлении Наполеона из Москвы, отлитого в 1760 г., весом 3.351 пуд (53,5 тонны). Колокола до 1000 пудов (16 тонн) были во многих монастырях.

Звон на Ивановской колокольне в Московском Кремле был необыкновенно торжественным, особенно когда производился во все колокола, в самые большие праздники и при торжественных случаях; он назывался **красным звоном** и имел свою особую мелодию.

В ночь под Светлое Христово Воскресение красный звон совершался по-особому, исстари существовавшему в Москве, обычаю. Призывной звон к заутрене начинался с колокольни Ивана Великого в Кремле. Для большего благолепия и торжественности великого момента все московские церкви должны были ждать, пока ударит громадный Успенский колокол Ивана Великого. На первый его удар, вдали, подобно эху, отзывался колокол Страстного монастыря, и затем сразу начинали гудеть колокола всех московских храмов. Торжественно разносилась, разрастаясь, широкая звуковая волна, перекатываясь с Кремлевского холма за Москву-реку и разливаясь далеко вокруг.

От всех русских колоколов особо стоят знаменитые **Ростовские звоны**, которые известны всей Руси и упоминаются во многих исторических памятниках.

На колокольне Ростовского Успенского собора звонят по нотам. Всех колоколов там тринадцать.

Первый, самый большой колокол *Сысой*, весом 2000 пудов (32 тонны), вылит в Ростове в 1689 году. Тон этого колокола соответствует звуку «до» большой октавы. Кроме основного тона «до» этот колокол дает еще верхний гармонический тон, составляющий дециму соответствующей ноте «ми» малой октавы.

Второй колокол, *Полиелейный*, в 1000 пудов (16 тонн), вылит в 1683 г. в Ростове. Тон этого колокола соответствует звуку «ми» большой октавы и составляет большую терцию основного тона «до», издаваемого первым большим колоколом.

Третий колокол, *Лебедь*, в 500 пудов (8 тонн), вылит в 1682 г. Тон этого колокола соответствует звуку «соль» большой октавы и составляет чистую квинту основного тона «до», издаваемого первым большим колоколом. Тоны этих трех больших колоколов составляют приятный до-мажорный аккорд (до-ми-соль).

Остальные колокола имеют разный вес и разные тоны, но все в до-мажорной гамме натурального и гармонического мажора. Такой настрой дает возможность большого разнообразия и благозвучности звонов.

По воскресным и праздничным дням звон производился во все колокола по нотам и всеми пятью звонарями. Этот полный звон троякий:

1) *Ионинский*, названный по имени митрополита Ионы, который управлял Ростовской Епархией с 1652 г. по 1691 г.;

2) *Акимовский* - по имени архиепископа Иоакима, управлявшего Ростовской епархией с 1731 г. по 1741 г.;

3) *Егорьевский* - по имени епископа Георгия, управлявшего Ростовской епархией с 1718 г. по 1731 г.

Будничный звон производился одним звонарем в 6 колоколов. Все звоны основаны на аккордах до мажора. Ростовские звоны являются вершиной русского искусства колокольного звона.

Русские люди еще в глубокой древности обращали внимание на гармоническое сочетание колокольного звона. Каждый звон имел свое назначение - печальный похоронный звон, или звон веселый - красный, когда возвещалась радость, великий праздник, победа, избавление от опасности.

В древней Руси звон заменял музыку, т. к. Кроме гуслей почти не было музыкальных инструментов.

Мелодическим звоном славились многие монастыри и особенно Троице-Сергиева лавра, где искусство звонить передавалось преемственно, от одного звонаря к другому.

Церковный звон, говорят русские люди, невольно отрывает все помыслы от земли и уносит их в поднебесную высь и наполняет сердце радостным, светлым чувством. И до сих пор, услыхав церковный благовест, верующий человек крестится и вспоминает о Боге.

В этом заключается огромное моральное значение церковного звона, т. к. он напоминает о вечной правде, о великой христианской любви и о бытии Божием.

Церковный колокольный звон на Руси, развиваясь в течение нескольких столетий, сложился в определенную систему музыкального звучания, представляя собою особую форму русского национального музыкального искусства.

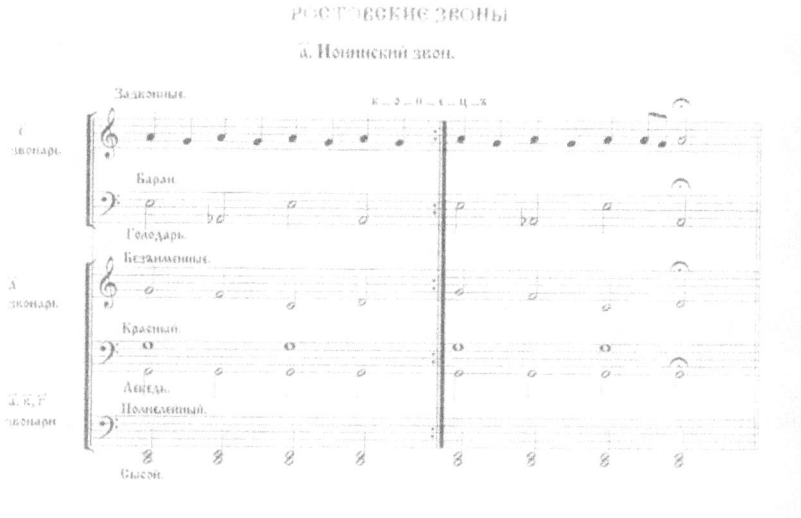

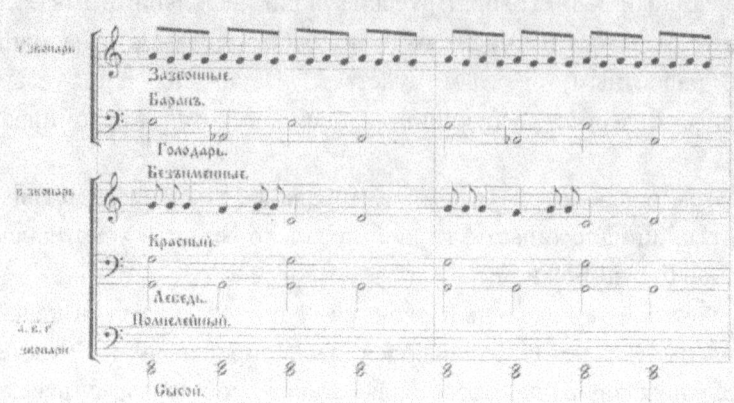

Приложение 12

www.ingramcontent.com/pod-product-compliance
Lightning Source LLC
Chambersburg PA
CBHW061448300426
44114CB00014B/1885